AF377695

El arte de enseñar a ENTRENAR

Teoría y práctica para optimizar el aprendizaje y el rendimiento

AUTORES:

Ángel Carnero-Díaz

Marzo Edir Da Silva-Grigoletto

WANCEULEN Editorial

Título: El arte de enseñar a ENTRENAR. Teoría y práctica para optimizar el aprendizaje y el rendimiento.

Autores: Ángel Carnero-Díaz y Marzo Edir Da Silva-Grigoletto

Editorial: WANCEULEN EDITORIAL
Sello Editorial: WANCEULEN EDUCACIÓN

ISBN (Papel): 978-84-19598-72-1
ISBN (Ebook): 978-84-19598-73-8

Depósito Legal: SE 730-2023

WANCEULEN S.L.
www.wanceuleneditorial.com y www.wanceulen.com
info@wanceuleneditorial.com

Índice

Prólogo

La historia nos enseña que la influencia que pueden llegar a tener los docentes sobre cualquier proceso formativo, y sobre aquellas personas a las que instruye, siempre se verá reflejada en los logros que a corto y largo plazo que logren posteriormente sus alumnos. Un estudio elaborado por la *Organización para la Cooperación y el Desarrollo Económicos* (OCDE) dentro del *Programa Internacional para la Evaluación de Estudiantes* (PISA) sobre la influencia que puede llegar a tener el profesorado sobre sus alumnos, nos muestra que las relaciones, positivas y continuadas, de aquellos alumnos con los docentes que más influyeron en su formación, están directamente asociadas a un elevado rendimiento futuro de su ejercicio profesional y un mejor desarrollo personal. Eso es lo que parece haber ocurrido con los autores de esta obra y la propuesta de enseñanza que nos ofrecen y proponen.

En el libro *"El arte de enseñar a ENTRENAR"*, Marzo y Ángel plantean un abordaje profundo y novedoso que refuerza a las formas tradicionales en cómo habitualmente se realiza el entrenamiento de la fuerza, especialmente entre aquellas sectores de la población que no están inmersos en los exigentes programas del alto rendimiento deportivo, ni trabajando bajo la tutela de un equipo multidisciplinar altamente especializado en todas las principales áreas que influyen en el rendimiento.

Es un hecho que cualquier profesional, con independencia de la rama en la que realice su trabajo, de una u otra forma siempre está innovando, o al menos siempre debería estar haciéndolo. Es decir, profesionales que evolucionan permanentemente en su forma de plantear y ejecutar su trabajo. De ello dependerá en gran medida que su competitividad y continuidad, y por ende su futuro profesional esté garantizado. No obstante, la realidad no siempre es así, siendo frecuentemente que pocos profesionales son conscientes de lo que habitualmente hacen, por qué y para qué lo utilizan y, lo que puede ser más grave, sin mantienen la suficiente flexibilidad y capacidad de reacción ante procesos emergentes como para garantizar un trabajo altamente eficiente. Tal y como nos recuerda el catedrático de la Universidad de Utah Stephen Richards Covey (1932-2012) en su popular libro *"Los 7 Hábitos de la Gente Altamente Efectiva"* un profesional eficiente es aquel que está facultado para prevenir y corregir los problemas en su origen, el que actúa de forma eficiente con intercambio permanente de información y coopera activamente con todo aquel que esté vinculado al proyecto incluido se receptor. Lamentablemente, esto es algo que frecuentemente algunos profesionales de la actividad física olvidan o no aplican suficientemente.

Estudios recientes realizados en España por el *Instituto Nacional de Estadística* revelan que sólo un tercio de las empresas nacionales declaran ser innovadoras al menos de una manera consciente. Esto supone que la mayoría de los profesionales se guían por modelos de actuación que tradicionalmente se han venido utilizando en su entorno profesional y que aparentemente han resultado exitosos, o lo han actuado por simple mimetización con modas que fueron emergiendo periódicamente en su mercado o entorno profesional sin profundizar excesivamente en la validez o utilidad de las mismas, o en la eficacia que estas podrían tener entre sus potenciales clientes. Es decir, habitualmente pocos profesionales son absolutamente conscientes de lo que hacen, de los criterios estratégicos o científicos en los que se sustentan y sin profundizar en los potenciales efectos que sus intervenciones pueden llegar a tener en su futuro profesional, la consolidación de su producto o la calidad de un trabajo diario. Tengamos siempre presente que nuestra actuación está condicionada, y por lo tanto se debe ajustarse a una clientela increíblemente variada y con objetivos, personales o grupales, en ocasiones muy distintos entre cada uno de ellos.

El economista y político español Ramón Tamames Gómez, en su célebre obra "Claves para la modernización de la empresa" define la calidad como el "conjunto de rasgos característicos de un producto o servicio, que lo hacen adecuado para satisfacer las necesidades del consumidor o usuario", algo a lo que en el día a día los profesionales del deporte siempre se ven obligados teniendo que satisfacer una elevada gama de actuaciones en las que el devenir de los acontecimientos se ve influido por una realidad extraordinariamente cambiante y variada.

El entrenamiento deportivo y la práctica del ejercicio físico en general, como cualquier aspecto de la vida, siempre está sujeta a cambios constantes, imprevisibles y acelerados que le influyen de forma muy directa en todos los aspectos de su vida. La globalización de la información, su acceso cada vez más sencillo, rápido y directo, el avance imparable de la tecnología y los numerosos avances científicos que surgen cada día, han hecho que, cada vez más, se requiera de una visión elevadamente integradora y flexible en favor de conseguir la excelencia profesional sustentada en principios sólidos y claramente establecidos que emanen de criterios científicos ampliamente contrastados en los entornos en los que deseemos intervenir. Todo cambia a velocidades poco conocidas hasta nuestros días y ello nos obliga a estar expectantes y convivir con las nuevas realidades a las que cada día nos enfrentamos.

Nikolai Aleksandrovich Bernstein (1896-1966), neurofisiólogo soviético de enorme trascendencia en los campos del *Desarrollo Motor*, la *Biomecánica del Ejercicio Físico* y la *Teoría del Entrenamiento*, nos recuerda que cualquier cuerpo de conocimiento es, y siempre deberá ser, dinámico enfatizando en que *"cualquier teoría, tras su período inicial de florecimiento, al final siempre se hace vetusta y puede autodestruirse o volverse inútil cuando se hace irreconciliable con el flujo de nuevas realidades y el descubrimiento de nuevos conocimientos y conceptos verificados experimentalmente"* .... *"Algunas veces, cuando se genera una acumulación paulatina de datos que no encajan en la vieja teoría, un solo hecho aislado o la aparición de un fenómeno que incida directamente sobre su esencia, es razón suficiente para provocar su modificación o simplemente reemplazo".* Sin duda, esto es lo que actualmente está ocurriendo con la forma en la que los profesionales del deporte abordan el diseño de sus estrategias y herramientas de trabajo diario y eso es algo que han sabido comprender con acierto los autores de este libro cuando hace su propuesta de trabajo para la que ellos denominan *"la población de la silla".*

El investigador clínico y divulgador científico colombiano Julio Martínez-Clark, en su obra *"La Cebolla de Pandora",* describe de forma precisa y detallada los sorprendentes y permanentes cambios que los seres humanos estamos viviendo en las últimas décadas, los cuales en su opinión están provocando numerosos eventos emergentes que son precursores de un nuevo cambio en los procesos evolutivos de los seres humanos. Todo ello les obliga a elevar su percepción de quienes fueron, quienes son, y quienes serán en un futuro cercano en el que, muchas veces sin darse cuenta, ya están inmersos.

Es en esta línea donde los autores de *"El arte de enseñar a ENTRENAR"* aciertan al señalar el creciente sedentarismo que caracteriza a las poblaciones actuales y la importancia que la práctica deportiva adquiere para incrementar la calidad de vida y alcanzar una vida más saludable con propuestas de ejercicio más eficientes adaptadas a las nuevas demandas sociales y a la necesidad de una mayor individualización y especialización de lo que requiere cada usuario.

Un aspecto interesante de esta obra es como los autores han sabido adaptarse con inteligencia y acierto al cambio tecnológico que está experimentado el sector editorial dando lugar a que se desarrollen nuevos formatos de libro que hacen más interesante las propuestas al utilizar nuevas formas de presentar los contenidos adoptándolos a las innovaciones surgidas al amparo de las tecnologías de la información y la comunicación. Sin duda, los avances en las nuevas tecnologías están modificando los procesos de producción, transmisión y utilización de constructos, datos e imágenes, haciendo del libro divulgativo una herramienta más interesante, especialmente para las nuevas generaciones que puedan verse interesadas en engrosar el mundo de usuarios del ejercicio sin perder autonomía y si verse supeditados a las tradicionales demandas de la práctica deportiva.

Es aquí donde los procesos de innovación en el diseño de las nuevas obras se han multiplicado obligando a que tanto los productores como los autores y lectores se deban adaptar constantemente a una realidad extremadamente dinámica. Una vez más, los autores han sabido encontrar con esta la adaptación de formas más innovadoras que hacen más accesibles y atractivos los contenidos que se quieren desarrollar.

Todo ello nos lleva a un nuevo concepto del *fitness* donde el mundo tradicional de los gimnasios donde el entrenamiento individual, *los small groups* y las clases dirigidas, soluciones tradicionales de trabajo, se ven mejoradas apoyándose en nuevas formas de "enseñar a entrenar" con características determinadas que son abordadas a lo largo de esta obra desgranando los criterios científicos en los que se sustentan las propuestas. Sin duda esto hace de *"El arte de enseñar a ENTRENAR"* una interesante aportación que sin duda agradecerán por igual usuarios y profesionales del ejercicio físico.

Prof. Dr. Juan Manuel García Manso

GLOSARIO

Adherencia: Grado de compromiso con una intervención, derivado de aspectos biopsicosociales, que modula los efectos del programa.

Autonomía: Competencia de la persona para llevar a cabo un programa de entrenamiento sin necesidad de supervisión.

Ciclo percepción acción: Proceso neuromuscular dependiente de la información percibida para dar respuesta al entorno de manera única y específica.

Conocimiento declarado: Información descrita, después de tener un comportamiento determinado, relacionada con la atención que estaba teniendo lugar durante la acción.

Constraint: Limitación que orienta a la persona en una dirección determinada.

Constraint Led approach: Método de enseñanza/ entrenamiento basado en la manipulación del entorno, para que se perciba la información de este, de manera determinada.

Constructo: Construcción teórica para comprender un problema determinado.

Control ascendente: El control ascendente se refiere al flujo de información que procede desde las áreas más bajas, principalmente a través la médula, para que ésta pueda ser procesada y dar lugar a la acción motora en los centros superiores del sistema nervioso. La principal característica de este tipo de control es la involuntariedad.

Control descendente: El control descendente se refiere al flujo de información que va desde la corteza prefrontal hacia las áreas más básicas del cerebro encargadas de procesos automáticos. Este tipo de control nos permite dirigir nuestra atención, planificar, tomar decisiones conscientes y adaptarnos a situaciones nuevas.

Determinismo: Teoría que supone que el desarrollo de los fenómenos naturales está necesariamente determinado por las condiciones iniciales.

Ecológico: Relacionado con la psicología ecológica. Tiene como objeto definir la influencia del entorno en el comportamiento del individuo.

Foco externo: Ubicación de la atención centrada en el efecto de un movimiento, situada en el entorno que le rodea.

Foco interno: Ubicación de la atención centrada en la creación o el control de un movimiento de la propia persona.

Habilidad: Cada una de las tareas que una persona ejecuta con gracia y destreza.

Parálisis por análisis: Es un fenómeno psicológico en el cual una persona, ante un exceso de información disponible para tomar una decisión o realizar una tarea, tiene un comportamiento subóptimo. Es como si la persona se perdiera en los detalles atendiendo a una cantidad mayor de información que la imprescindible.

Pedagogía no lineal: Corriente de enseñanza que entiende al sujeto como un sistema dinámico complejo. La interacción entre el organismo y el entorno genera nuevos comportamientos influyendo en el desarrollo motor. La pedagogía no lineal aboga por manipular los constreñimientos de manera individual según las necesidades de cada organismo para favorecer dicho desarrollo de manera óptima.

Organismo: Referencia que se hace al individuo observado desde la visión de la psicología ecológica.

Reglas: Referencia a una pauta única dentro de la instrucción del movimiento. Una instrucción puede contener un número de reglas desde 1 a infinito.

Bloque I

¿A QUIÉN TENEMOS QUE ENSEÑAR A ENTRENAR?

Capítulo 1

Importancia de un cambio de paradigma para enseñar a entrenar en la población de la era digital.

Ángel Carnero-Díaz.
Marzo Edir Da Silva-Grigoletto.

Las actuales estrategias que han aparecido durante los últimos años en el campo de la actividad física están ayudando significativamente, pero no lo suficiente para alcanzar los objetivos deseados en la materia. En la actualidad, alrededor del 50% de la población es altamente sedentaria, y en torno al 20% afirma no tener interés por el ejercicio físico (Ministerio de Cultura y Deporte, 2022). Por ello, si nos atenemos a los ya conocidos beneficios del ejercicio sobre la salud, el bienestar y la calidad de vida de las personas, quizás es hora de cambiar el foco y dar importancia a la atención de las personas, como se pretende en este libro, con la misma seriedad que se le ha dado a la dosificación del ejercicio, ya que gran parte de la ciencia consumida por los profesionales está centrada en encontrar la dosis óptima. No se pretende restar importancia a ello, si no destacar las otras dimensiones que modulan la práctica del ejercicio físico y con ello que se consigan los beneficios de este.

Hoy en día, parece que, si la persona no tiene un reloj en la muñeca con el que medir la frecuencia cardíaca, la temperatura, la tensión arterial y los pasos que ha dado a diferente intensidad, no se está entrenando adecuadamente. Gracias a que recientemente se han puesto también bajo la lupa aspectos psicosociales del entrenamiento, como son los casos de la motivación, la adherencia, la autonomía, las preferencias individuales o la focalización de la atención, existe suficiente evidencia científica que nos advierte de la importancia que tiene atender a estos aspectos, suplementariamente a otros como la velocidad de ejecución, los grados de flexión de rodilla a los que se debe hacer una sentadilla, o si las dominadas se deben hacer con diferentes agarres para diferenciar la activación de estructuras musculares como por ejemplo el bíceps braquial.

Frecuentemente, se nos olvida que uno de los objetivos de la transferencia de conocimiento es ayudar a las personas. A estas personas que se levantan temprano, que tienen multitud de preocupaciones con un mayor grado de urgencia que la práctica deportiva y que este sector de la población es al que debemos atender.

Quizás es hora de que las empresas o instituciones que fomentan el ejercicio físico, en lugar de sólo comprar la última línea de pesas ergonómicas o luces para entretener a los potenciales clientes, también pongan el foco en cómo hacer más accesible la realización de actividad física regular y de calidad a las personas que son más vulnerables al abandono, aquellas que no saben entrenar o a las que no tienen demasiado tiempo para acudir a un centro deportivo. Es en este sector de población donde nos encontramos con aproximadamente un 50% de la población que todavía no está haciendo nada por incorporarse a un modelo de vida más activa y saludable. Hay infinidad de factores que modulan la experiencia durante el ejercicio físico y aquí, vamos a tratar varios de ellos a través del arte de enseñar a entrenar.

1.1. La población de la silla.

¿Alguna vez te has planteado cual es el rol que ha jugado el ejercicio físico en el mantenimiento de la salud y la calidad de vida a lo largo de la historia? La primera cita que hemos podido recuperar en relación con esto, data de los poemas satíricos de Décimo Junio Juvenal en los siglos I-II dC. En estos escritos aparece el concepto de *Mens Sana in Corpore Sano (Orandum est ut sit mens sana in corpore sano*, Sátira X, 356). Este concepto habla de la relación que existe entre los trastornos físicos y mentales de manera bidireccional, y la importancia de "disponer de un espíritu equilibrado en un cuerpo equilibrado". Por tanto, parece ser que pensaban, ya en aquella época, en la necesidad de buscar y alcanzar este equilibrio, cuando aún hoy, casi 20 siglos más tarde, estamos trabajando para superar el tabú de hablar de los problemas de salud mental y con ello, el reconocimiento de su estudio. Podemos afirmar con rotundidad que el ejercicio físico cuida y mejora la función cognitiva (a veces confundida con aspectos espirituales, mentales o psicológicos) o la salud mental (depresión, estrés, ansiedad, calidad del sueño, etc.), además de la función motora (Pedersen & Saltin, 2015).

Podríamos aceptar que es en el siglo XX donde surge un social creciente interés por los hábitos saludables de la población. Los primeros archivos científicos en los que se subraya la relevancia de estar en movimiento proceden de la mitad del pasado siglo donde se subraya la relevancia de estar en movimiento. Se estudió a personas que tenían niveles de actividad física abruptamente diferentes de la población de Londres (Longstreet Taylor et al., 1962)

Por un lado, los investigadores analizaron el comportamiento de conductores de autobús o carteros que usaban vehículos motorizados como principal muestra de población predominantemente sedentaria. Por otro lado, sus compañeros de trabajo, revisores de aquellos autobuses de dos plantas y carteros que caminaban o iban en bicicleta para sus entregas fueron estudiados como profesionales físicamente activos. Las demandas en las actividades de la vida diaria laboral (AVDL) en los diferentes sistemas que conforman el cuerpo (cardiovascular, musculoesquelético o nervioso) son completamente diferentes y así fueron los resultados mostrados por la población analizada. Aquellas personas con un comportamiento predominantemente sedentario tenían mayor probabilidad de padecer eventos cardiovasculares. Además, una vez alguien tenía un accidente cardiovascular, la posibilidad de morir a causa de este, también era mayor que la población que tenía un trabajo que implicaba una mayor actividad física diaria (Blair et al., 2010).

Estos trabajos solo midieron actividad física derivada del trabajo, sin manipular variables del ejercicio como la intensidad o el volumen. En este sentido, podemos concluir que cuando se consigue administrar la dosis óptima, las mejoras producidas multidimensionalmente son aún mayores que cuando se realiza actividad física general o ejercicio físico sin control de las variables que lo componen.

Por ello, y apoyándonos en el gran cuerpo de la evidencia científica disponible, podemos afirmar que el ejercicio físico actúa como la principal herramienta, no solo para el mantenimiento de la función motora, si no como el botón que enciende el músculo y su función endocrina para producir mejoras en la disminución de la probabilidad de contraer múltiples enfermedades (Fiuza-Luces et al. 2013). En definitiva, si el músculo está trabajando, y mejor aún si trabaja en su justa medida, podemos potenciar la mejora del bienestar y la calidad de vida relacionada con la salud.

Años atrás, antes de la actual revolución tecnológica, gran parte de la población tenía trabajos que requerían ciertos niveles de actividad física. La operativa diaria requería esfuerzos para cargar, transportar, empujar o traccionar elementos relacionados con su trabajo y su forma de vida. Estos esfuerzos provocaban las adaptaciones en los sistemas mencionados anteriormente, provocando estímulos suficientes para el mantenimiento de la necesaria calidad de vida saludable. No hace falta que tengamos en mente un agricultor tradicional cargando sacos de trigo..., podemos pensar también que los mismos profesionales del campo de la actividad física tenían un consumo calórico alto adecuado debido al simple hecho de caminar u ordenar la sala de entrenamiento durante su jornada laboral. Sin embargo, tenemos que admitir que la revolución tecnológica que hemos experimentado en las últimas décadas ha sido tan grande que... ¡Ahora muchos entrenadores ya no cargan con los pesos del gimnasio porque ellos están trabajando desde su escritorio, con su ordenador, teniendo el mismo gasto calórico en sus actividades laborales que los conductores de Londres!

Por tanto, es un hecho que algunos de los profesionales de ejercicio físico que trabajan de esta manera, mostrando el mismo perfil y contexto rescatado de diferentes estudios que afecta a gran parte de la población:

- La población en general no realiza el suficiente ejercicio físico que recomienda el *Colegio Americano de Medicina Deportiva* (ACSM) para reducir el riesgo de contraer múltiples enfermedades derivadas del sedentarismo (Bushman, 2020). La estadística actual en España es sorprendente. En 2021, el 36,4% de los encuestados se consideraban sedentarios y el 26,5% de los adultos afirmó hacer ejercicio físico de manera regular. Es decir, solo 1 de cada 4 personas está "protegiendo" su salud con el ejercicio. Si nos vamos a la población de los adultos mayores (mayores de 65 años) ¡el porcentaje baja hasta el 13,5%! (Leva, 2005).

- La mayoría de las personas tiene comportamientos sedentarios la mayor parte del día, invirtiendo más del 50% del día en la que no están durmiendo, con actividades que implican un escaso gasto calórico, con las consecuencias negativas que ello tiene para la salud (Bailey et al., 2019).

- El desarrollo motor durante la niñez y la adolescencia, debido al menor tiempo de exposición a contextos ricos de movimiento marca una tendencia negativa desde que el movimiento, el juego y el deporte tradicional comparte protagonismo con los dispositivos electrónicos durante el tiempo de ocio de los niños. Este menor tiempo que se pasa jugando, saltando y "activando el botón de arranque" del sistema musculoesquelético, tiene múltiples consecuencias, pero la que queremos destacar en este apartado, es que cuando este sector de la población llegue a la edad adulta no se habrá beneficiado del aprendizaje adecuado, ni del desarrollo de la función propia de los entornos tradicionales donde los niños crecían desarrollando un amplio abanico de habilidades motoras. En este sentido, el estudio de Vandorpe y colaboradores realizado con niños belgas nos sirve de muestra al dar visibilidad a esta situación. Tengamos en cuenta que, en este trabajo, los autores comparan el desarrollo motor, medido mediante test de habilidad, de niños que crecen en entornos como los habituales hoy en día, con otros niños de tiempo atrás, concluyendo que los niños actuales muestran valores en las habilidades significativamente inferiores que los comparados 35 años atrás. (Vandorpe et al., 2012).

- Una de las principales barreras que argumentan los encuestados es la falta de tiempo en un porcentaje cercano al 50%… Precisamente por eso, necesitamos diseñar estímulos eficaces. ¡Lamentándolo mucho por los perros y por los profesionales que recomiendan caminar… con estas prácticas estamos haciendo un flaco favor a cada persona que invierte su escaso tiempo de esta manera con el objetivo de alcanzar las mejoras deseadas!

- Por último, es destacable que 1 de cada 5 personas entrevistada declara una falta de interés por hacer ejercicio, y ahora te vamos a explicar por qué podría ser…

El entrenamiento de fuerza viene de los antiguos gimnasios, que eran frecuentados por personas con una alta motivación intrínseca para mejorar su composición corporal como son los competidores de culturismo. A estas personas por supuesto que no es necesario levantarlos de la silla para decirles que completen la programación establecida. Ellos, sin mediar palabra, ya tienen en mente la hora a la que van a ir al "templo" para ejecutar sus rutinas. Tras muchos años de discusión con colegas, muchos profesionales no valoran lo suficiente la necesidad de facilitar la práctica o dar importancia a la motivación con argumentos como los siguientes: "Un dentista no va a tu casa para decirte que tienes que usar el hilo dental… ni da feedback positivo cuando haces el esfuerzo de cumplir con tu rutina de cepillado diario". Pensamos fielmente que el profesional que desconozca, o no atienda a la importancia de los elementos que modulan la decisión hacer ejercicio, está perjudicando de manera significativa las posibilidades de mejora de la persona que confía en él para el logro de sus objetivos.

El ejercicio físico, para la inmensa mayoría de la población que no lo realiza habitualmente, desde un punto de vista hedonista[1], es totalmente contraproducente. Si has leído bien... hemos afirmado que el ejercicio físico desde esta perspectiva es malo. A diario, muchas decisiones que tomamos están basadas en el hedonismo, es decir, en el mero placer inmediato. Si no, ¿por qué elegir ese dulce para desayunar cuando sabemos perfectamente que, en el medio plazo, comerlo va a afectar negativamente a nuestro deseo de mantener nuestro porcentaje de grasa a raya y evitar los riesgos que el azúcar o las grasas trans tienen para nuestra salud? Al igual que comemos un dulce, por puro placer, muchas personas toman la decisión hedonista de no hacer ejercicio por el mismo motivo. Hacer ejercicio consume recursos temporales, energéticos, en la mayoría de los casos económicos, además de estar relacionado con altas tasas de esfuerzo durante su práctica (Lee et al., 2016). Además, aquellos que no han experimentado la sensación de bienestar tras realizar ejercicio físico de alta intensidad, ya sea porque no lo han practicado o porque han tenido una experiencia negativa, no han podido disfrutar de los beneficios potenciales que esta actividad puede proporcionar. Al concluir el ejercicio, nuestro cerebro se llena de sustancias químicas relacionadas con el bienestar, tales como la endorfina, serotonina, dopamina y oxitocina (Fraioli et al., 1980), que podrían equipararse a una experiencia hedonista la cual se pierden aquellos que no experimentan dicha sensación de bienestar. Esto convierte al ejercicio en un producto muy poco atractivo a la hora de comenzar un programa de ejercicio y continuar en él a lo largo del tiempo (Figura 1).

---

[1] doctrina ética que identifica el bien con el placer, especialmente con el placer sensorial e inmediato.

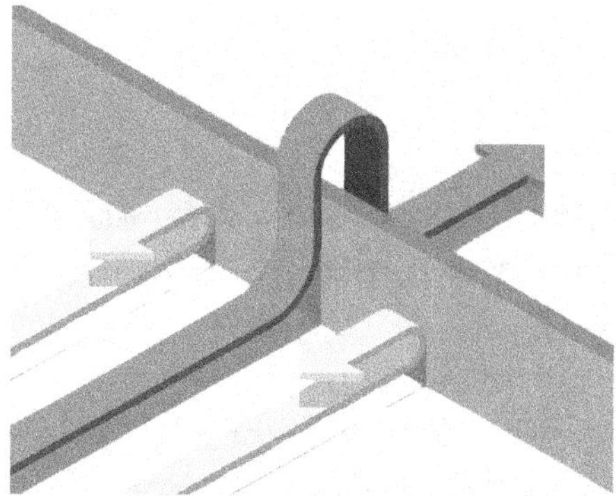

Figura 1. Barreras a superar por una persona sedentaria para conseguir su objetivo.

Viendo el ejercicio desde esta perspectiva, debemos admitir que tenemos un gran rival, mucho mayor que lo que pensábamos, en este negocio de intentar aumentar la práctica de ejercicio físico. En esta guerra, nosotros ante un rival que tiene todas las herramientas necesarias para ganar, estamos peleando con un "venga va, tienes que empezar a hacer ejercicio", "venga, ve al gimnasio y haz entrenamiento de fuerza".

Ojalá fuera tan fácil como introducir un *pen drive* en la persona e instalar el programa de *exercise is medicine,* pero conocemos que esto no funciona así.

La experiencia disponible nos enseña que no solo es necesario hacer ejercicio, sino que también debemos hacerlo de manera continuada (normalmente un mínimo de 2-3 días a la semana, durante al menos ocho semanas) para conseguir algunos de los efectos beneficiosos que queremos conseguir como pudieran ser los cambios en la composición corporal o la mejora de la salud.

Por tanto, a la luz de estas reflexiones, podemos concluir que el hedonismo tiene todas las de ganar, con las consecuencias que ello acarrea, si no conseguimos intervenir de otra manera a la que habitualmente se ha utilizado hasta ahora para conseguir un mayor interés y adherencia a protocolos de actividad física saludable.

1.2. ¿Cómo enseñar a entrenar en diferentes contextos de entrenamiento? El entrenamiento individual, los *small groups*, y las clases dirigidas.

En los últimos años asistimos a una revolución en la industria del entrenamiento, donde pequeñas instalaciones se abren paso entre los grandes centros deportivos tradicionales con infinidad de máquinas, clases e innumerables colas, por poder hacer un *press* de banca o hallar una elíptica vacía donde poder "quemar los excesos del fin de semana". El cliente de este centro quiere conseguir su objetivo y paga por el tiempo que invierte en conseguirlo. La instalación le ofrece un sistema simple: paga una cuota según los días que quiere acudir (dos, tres o cuatro días normalmente), sin cuotas ni acceso ilimitados, piscina, spa, jacuzzi ni peluquerías incluidas en la cuota. El entrenamiento personal ya deja de ser un lujo o un mero entretenimiento Es un instrumento o estrategia que podría aportarnos una solución potencial a los problemas de salud derivados de un estilo de vida actual no siempre muy saludable.

Estos centros están alineados frecuentemente con las tendencias propuestas por la ACSM [2] de los últimos años, donde ponen en valor hacer ejercicio físico contando con elementos como el entrenamiento de fuerza, individual o en grupo, con peso libre personalizado y adecuada intensidad para incidir favorablemente sobre la mejora de la salud y el bienestar de los potenciales practicantes. Este tipo de centros presta atención a sectores de la población más vulnerables a la hora de abandonar la práctica de ejercicio, como son las personas que quieren o necesitan perder peso, aquellas que presentan alguna lesión o

---

[2] *American College of Sport Medicine*

enfermedad, o las personas en edad avanzada. En estas instalaciones, los entrenadores habitualmente conocen a la persona, sus preferencias y su disponibilidad, para elaborar un programa de ejercicio que sea adecuado para la consecución de objetivos.

Por ello, gracias a este alto nivel personalización de la atención al socio, no deberíamos conformarnos simplemente con enseñar a hacer determinados ejercicios de cualquier manera. Nos encontramos en un contexto donde habitualmente la persona que necesita ayuda no tiene las habilidades adecuadas para el aprendizaje de estas tareas, sino que además suelen ser sus primeros contactos con el ejercicio físico. Esto genera una mezcla que precisa de una calidad superior a la hora de usar las estrategias de enseñanza-aprendizaje donde se generen instrucciones precisas y altamente eficaces.

Parece que con la popularización de este tipo de centros, nos acercamos un poco más a la solución de los problemas de la sociedad actual, atendiendo de manera más cercana a las personas que el tradicional mercado del fitness. Esas instalaciones frías e impersonales donde te recibe un torno donde insertar una tarjeta o huella dactilar va dejando para a una atención más personalizada y cercana, mejorando la experiencia del usuario que necesita de esta atención.

¿Son estos centros la solución? Parece ser que dan mayores respuestas a las demandas de la población, pero esta metodología todavía puede ser revisada y puede dar otra vuelta de tuerca más.

Otro contexto donde existe más interacción entre los profesionales y los socios que la que se daba en los gimnasios tradicionales, es el de los centros de *crosstraining*. En ellos, cada persona accede a la instalación a una hora acordada para recibir una clase. Las características de estas sesiones suelen presentar elementos comunes a todas ellas como son una cantidad de 10 personas por profesor, niveles de destreza muy heterogéneos entre los participantes y habilidades motoras complejas. Esta coctelera hace que el tiempo que tiene el profesional para cada socio, a pesar de que normalmente esté monitorizado, sea reducido. Además, la complejidad de habilidades como los movimientos gimnásticos, obliga a elaborar estrategias de enseñanza optimizadas con el fin de atender de una manera suficiente y adecuada a todos y cada uno de los socios que realiza la actividad.

Por otro lado, cuando el entrenamiento personal es el caso por estudiar, uno de los principales objetivos es, además de los comunes con otros entornos, el fomento de cierto nivel de autonomía personal. Las distancias hasta los centros, el coste económico o la disponibilidad temporal, hace que el fomento de la autonomía para poder seguir correctamente los protocolos establecidos de una manera independiente sea uno de los elementos clave para tener éxito con estos programas de entrenamiento. Esto también lo podríamos conseguir apoyándonos en formas de *"enseñar a entrenar"* con unas características determinadas, las cuales serán abordadas a lo largo de esta obra. Sea cual sea el contexto, debemos estar preparados para enseñar a entrenar en el peor de los escenarios posibles, ya que a personas con un buen nivel de destreza o aquellos que entrenamos de manera individual, el "arte" de enseñar se hace mucho más fácil. Es en contextos de alta complejidad y poca disponibilidad temporal, donde cobra especial sentido este tipo de metodologías. No debemos ignorar que, por desgracia, para los profesionales es cada vez más habitual encontrarse con estos escenarios poco deseables.

Existen algunos trabajos que confirman la realidad de que muchos profesionales simplemente seleccionan tareas, las describen y esperan que la persona tenga una respuesta motora sobresaliente como consecuencia de un aprendizaje básico e instantáneo (Johnson et al., 2013; Porter et al., 2012). O lo que es peor, a pesar de tener intención de fomentar un correcto aprendizaje, los entrenadores tienen una baja conciencia de las formas de enseñanza que utilizan, pudiendo caer en paradigmas erróneos ante esta falta de análisis (Partington & Cushion, 2013). Por ello, en la mayoría de las ocasiones se cae recurrentemente en el error de nuevo de esperar que, por seleccionar las tareas de manera personalizada y presentarlas en una aplicación móvil, acompañadas de un cuidado diseño donde un avatar realiza el ejercicio propuesto, vamos a conseguir que la persona aprenda a hacer el ejercicio de una manera óptima. Además esperamos que tenga una respuesta afectiva positiva, para que desarrolle ese placer que buscamos hacia el ejercicio (recuerda que si hacemos placentero el ejercicio, es más probable que la persona lo realice de manera continuada).

Aunque sepamos que estrategias como la demostración (Bandura, 1977) o incluso la representación mental de los movimientos (*mental representation & motor imagery training*), han sido ampliamente utilizadas como apoyo del aprendizaje motor, ya que activan áreas cerebrales relacionadas con la propia tarea (Nobre et al., 2012), también sabemos que las personas desarrollan su atención de manera singular, creando sus propias reglas para desarrollar un movimiento (Theodorakis et al., 2008)... ¡además esto ocurre hasta cuando los entrenadores facilitan una instrucción adecuada previa al ejercicio! Es decir, cuando una persona ve un vídeo, o una demostración, o incluso cuando le explican a qué aspecto deben atender durante la tarea, ella por sí misma crea su propia instrucción para el control del movimiento. En consecuencia, debemos tener en cuenta que la persona puede generar sus propias reglas, ignorando en ocasiones la instrucción que ha sido verbalizada anteriormente por su entrenador.

Alternativamente, los profesionales experimentados pueden alterar estas reglas que la persona se autoimpone durante el ejercicio, incidiendo directamente sobre el resultado del aprendizaje. Esto es conocido comúnmente por instrucción, *cueing o feedback* según la información sea presentada antes, durante o después del ejercicio (Figura 2).

Figura 2. Escalas temporales para diferenciar consideración de instrucción o feedback.

En todas las situaciones de entrenamiento, ya sea en contextos de salud, rehabilitación o rendimiento, las habilidades necesitan ser aprendidas y, por ese motivo, aquí trataremos de optimizar este proceso. La instrucción, que contiene información relevante para favorecer este aprendizaje, debería actuar como una lupa que permita que la persona capte la información precisa y de mayor valor, desechando aquella información que sea irrelevante para construir la habilidad de una manera adecuada y eficiente. No solo se trata de captar buena información, sino también de evitar distracciones para que la atención en ese momento no se direccione hacia otros elementos que no favorezcan el proceso de aprendizaje.

Por tanto, podemos expresar con rotundidad, que todas las instrucciones no tienen el mismo valor, ya que existen numerosos elementos que hacen que una instrucción sea sobresaliente o insuficiente e inadecuada. La instrucción orientada al control y coordinación de las diferentes partes del cuerpo (orden de activación, grados articulares, nivel de activación...) tendrá un procesamiento y resultado diferente al de una instrucción centrada, por ejemplo, en un objetivo del entorno. Usando este planteamiento, vamos a tratar de ejemplificar cómo el uso de la instrucción puede favorecer el aprendizaje pasando de la situación A a la situación B (Figura 3).

Figura 3. Representación y efectos en el aprendizaje sin instrucción y con instrucción de un profesional. En la imagen de la izquierda se representa una persona realizando una acción sin instrucción donde existe un mayor esfuerzo percibido (RPE) una respuesta afectiva (RA) negativa y un aprendizaje pobre. A la derecha, después de una instrucción ideal, se plantea un entorno donde se revierte la situación anterior y se producen mejoras en los diferentes elementos.

Por ello, conocer estos elementos en cada situación determinada, fomentará un aprendizaje más rápido y que estos tengan una mayor transferencia en situaciones posteriores. Estas reglas o instrucciones van a tener una clara influencia, no solo en el rendimiento o el aprendizaje del ejercicio que están haciendo, sino también en las dimensiones psicosociales que necesariamente deben formar parte del ejercicio (Lohse & Sherwood, 2011). Es decir, el placer, la incomodidad o el esfuerzo percibido, van a influir en las emociones derivadas del ejercicio en el corto, medio y largo plazo, las cuales van a favorecer o dificultar que la persona continúe realizándolo. Este paradigma otorga un valor añadido a la calidad de la información ofrecida durante el proceso de enseñanza-aprendizaje de cualquier ejercicio físico.

De manera tradicional se han tenido poco en cuenta estos aspectos o, cuando se han tenido en cuenta, se han usado de una manera contraria o inadecuada a la propuesta recomendada y respaldada por la evidencia científica en el campo del comportamiento y el aprendizaje motor. Por ejemplo, después de revisar las estrategias de enseñanza de algunos ejercicios, –que podemos encontrar en algunos manuales de gran relevancia (Glassman, 2011; Coburn, 2011) que frecuentemente son consultados por muchos profesionales de la actividad física, podemos concluir que estos no atienden a las propuestas por los autores de trabajos científicos que parecen favorecer los objetivos anteriormente citados. Esto hace que los profesionales utilicen estrategias que, a pesar de funcionar para el aprendizaje en personas con niveles de destreza más elevado, pueden tener un efecto negativo en términos de aprendizaje, rendimiento y respuestas afectivas cuando son utilizados en el sector de población a la que hemos referenciado anteriormente.

La literatura científica sobre el comportamiento humano y los procesos cognitivos arroja luz desde hace años sobre cómo los profesionales pueden desarrollar habilidades relacionadas con la mejora del proceso de enseñanza-aprendizaje e intervenir en los componentes psicosociales que modulan la motivación, la autoeficacia o la autonomía durante el entrenamiento (Wulf et al., 2016).

En el contexto presentado durante la introducción señalamos que como uno de los principales objetivos de los profesionales que trabajan en el área de la actividad física es hacer más accesible la práctica de los ejercicios intentando optimizar la eficiencia y eficacia de los programas. Si, además, podemos mejorar la autonomía y las respuestas afectivas de las personas que no han tenido un buen aprendizaje motor a lo largo de su desarrollo, sería posible aumentar los niveles de adherencia a la práctica regular de ejercicio físico que es uno de los principales problemas con los que nos encontramos en la actualidad.

Los principales beneficios para la salud y una mayor calidad de vida son siempre generados en el medio y largo plazo, por lo que es necesario que la adherencia a la práctica regular al ejercicio sea correcta, ya que, si este no es realizado con continuidad, en la mayoría de los casos las mejoras no tendrán el efecto deseado. Enseñar a hacer ejercicio teniendo en cuenta las prácticas relatadas puede potenciar el efecto de este en las diferentes escalas temporales (corto, medio y largo plazo) para así seguir aportando un ladrillo más en la construcción del edificio que supone la mejora del bienestar integral a través del ejercicio.

"La diferencia entre un entrenador bueno, y uno "top class", no recae en la parte técnica, ya que el conocimiento está ahí, al alcance del que quiera disponer de él. El entrenador élite hace llegar la información de manera profunda y concisa, incidiendo de manera óptima en la autonomía y el aprendizaje de la persona que realiza la actividad, ya sea deporte, ejercicio individual o en grupo, o en la sala de rehabilitación".

Bibliografía:

Bailey, D. P., Hewson, D. J., Champion, R. B., & Sayegh, S. M. (2019). Sitting Time and Risk of Cardiovascular Disease and Diabetes: A Systematic Review and Meta-Analysis. *American Journal of Preventive Medicine*, *57*(3), 408-416. https://doi.org/10.1016/j.amepre.2019.04.015

Bandura, A. (1977). Self-efficacy: Toward a unifying theory of behavioral change. *Psychological Review, 84, 191-*.

Blair, S. N., Davey Smith, G., Lee, I. M., Fox, K., Hillsdon, M., McKeown, R. E., Haskell, W. L., & Marmot, M. (2010). A tribute to Professor Jeremiah Morris: The man who invented the field of physical activity epidemiology. *Annals of Epidemiology*, *20*(9), 651-660. https://doi.org/10.1016/j.annepidem.2010.06.001

Bushman, B. A. (2020). Exercise for Prevention of Chronic Diseases. *ACSM's Health and Fitness Journal*, *24*(1), 5-10. https://doi.org/10.1249/FIT.0000000000000533

Coburn, J.W. (2011). NSCA's Essentials of Personal Training. *Human kinetics, Second Edi*, 680.

Fiuza-Luces, C., Garatachea, N., Berger, N. A., & Lucia, A. (2013). Exercise is the real polypill. *Physiology (Bethesda, Md.)*, *28*(5), 330-358. https://doi.org/10.1152/physiol.00019.2013

Fraioli, F., Moretti, C., Paolucci, D., Alicicco, E., Crescenzi, F., & Fortunio, G. (1980). Physical exercise stimulates marked concomitant release of β-endorphin and adrenocorticotropic hormone (ACTH) in peripheral blood in man. *Experientia*, *36*(8), 987-989. https://doi.org/10.1007/BF01953837

Glassman, G. (2011). CrossFit training guide level 1. *The CrossFit Journal*.

Johnson, L., Burridge, J. H., & Demain, S. H. (2013). Internal and external focus of attention during gait re-education: an observational study of physical therapist practice in stroke rehabilitation. *Physical Therapy*, *93*(7), 957-966. https://doi.org/10.2522/ptj.20120300

Lee, H. H., Emerson, J. A., & Williams, D. M. (2016). The exercise-affect-adherence pathway: An evolutionary perspective. *Frontiers in Psychology*, *7*(AUG), 1-11. https://doi.org/10.3389/fpsyg.2016.01285

Leva, G. (2005). Indicadores de calidad de vida urbana. *Ciencias*, 98.

Lohse, K. R., & Sherwood, D. E. (2011). Defining the focus of attention: effects of attention on perceived exertion and fatigue. *Frontiers In Psychology*, 2. https://doi.org/10.3389/fpsyg.2011.00332

Longstreet Taylor, H., Klepetar, E., Keys, A., Parlin, W., Blackburn, H., & Puchner, T. (1962). *Death rates among physically active and sedentary employees of the railroad industry.*

Ministerio de Cultura y Deporte. (2022). *Encuesta de Hábitos Deportivos 2022. Síntesis de resultados.* www.culturaydeporte.gob.es

Nobre, A. C., Coull, J. T., Maquet, P., Frith, C. D., Vandenberghe, R., & M. M. Mesulam. (2012). Orienting attention to locations in mental representations. *Attention, Perception, and Psychophysics, 74*(1), 146-162. https://doi.org/10.3758/s13414-011-0218-3

Partington, M., & Cushion, C. (2013). An investigation of the practice activities and coaching behaviors of professional top-level youth soccer coaches. *Scandinavian Journal of Medicine & Science in Sports, 23*(3), 374-382. https://doi.org/http://dx.doi.org/10.1111/j.1600-0838.2011.01383.x

Pedersen, B. K., & Saltin, B. (2015). Exercise as medicine - Evidence for prescribing exercise as therapy in 26 different chronic diseases. *Scandinavian Journal of Medicine and Science in Sports, 25*, 1-72. https://doi.org/10.1111/sms.12581

Porter, J., Wu, W., & Partridge, J. (2012). Focus of Attention and Verbal Instructions: Strategies of Elite Track and Field Coaches and Athletes. *Sport Science Review, 19*(3-4). https://doi.org/10.2478/v10237-011-0018-7

Theodorakis, Y., Hatzigeorgiadis, A., & Chroni, S. (2008). Self-talk: It works, but how? Development and preliminary validation of the functions of self-talk questionnaire. *Measurement in Physical Education and Exercise Science, 12*(1), 10-30. https://doi.org/10.1080/10913670701715158

Vandorpe, B., Vandendriessche, J., Vaeyens, R., Pion, J., Matthys, S., Lefevre, J., Philippaerts, R., & Lenoir, M. (2012). Relationship between sports participation and the level of motor coordination in childhood: A longitudinal approach. *Journal of Science and Medicine in Sport, 15*(3), 220-225. https://doi.org/10.1016/j.jsams.2011.09.006

Wulf, G., & Lewthwaite, R. (2016a). Optimizing performance through intrinsic motivation and attention for learning: The OPTIMAL theory of motor learning. *Psychonomic Bulletin & Review, 23*(5), 1382-1414. https://doi.org/10.3758/s13423-015-0999-9

Bloque II

TEORÍA DE LA ENSEÑANZA EN EL EJERCICIO FÍSICO

Capítulo 2

Construyendo el proceso de enseñanza-aprendizaje: "la ciencia de enseñar".

Ángel Carnero-Díaz.
Marzo Edir Da Silva-Grigoletto.

2.1. Neurobiología: anatomía y procesamiento de las tareas en el sistema nervioso central.

Tenemos claro que cuando nos llevamos la mano a la boca, principalmente la acción la realizará la musculatura que tiene la función de provocar la flexión de la articulación del codo, acompañado de los músculos sinergistas y antagonistas que completan y estabilizan la acción. En cambio, si queremos explicar que pasa a nivel microscópico en el sistema nervioso central en este tipo de acciones "el negocio", se complica.

Durante ese movimiento, se movilizan diferentes articulaciones del miembro superior (muñeca, codo, glenohumeral y escapulohumeral) con sus correspondientes estructuras musculares, gracias a la sucesión de activaciones e inhibiciones neurales.

El estudio de la coordinación del movimiento puede ser abordado bajo la metáfora de la melodía resultante de la relación entre un pianista y su instrumento. En ambas se necesita una precisión a muy alta velocidad controlada de manera automática.

Cuando alguien tiene un nivel de destreza alto durante un acto motor, por ejemplo, haciendo una secuencia de gimnasia acrobática, podemos observar un movimiento es fluido, armónico y carente de cambios bruscos en su ritmo. En una melodía tocada por un pianista experto, si observamos con detenimiento el movimiento de sus dedos, es casi indescriptible de mencionar el orden de las acciones dactilares, sin embargo, el artista es capaz de reproducirlo de manera continuada y armónica. (Fuente: Mario di Santo).

Esta acción coordinada ya fue descrita por el extraordinario neurocientífico soviético Nicolai Aleksandrovich Bernstein (1897-1966) en sus trabajos realizados en el campo del control y del aprendizaje motor en la primera mitad del pasado siglo, en contra de las visiones puramente reactivas y mecanicistas predominantes en la época, especialmente en la URSS, donde la línea propuesta por Iván Petróvich Pávlov (1849-1936) era considerada como la "oficial" por parte del régimen.

En las acciones a las que nosotros hacemos referencia, ambas habilidades (la acción cognitiva y la acción mecánica) son llevadas a cabo gracias a la coordinación precisa de las diferentes áreas que conforman el sistema nervioso. Durante el aprendizaje, estas áreas cerebrales a las que nos referimos van adaptándose hasta poder elaborar este tipo de coordinación de forma mejorada. En las primeras etapas, la creación del movimiento es llevada a cabo de una manera más "bruta o grosera". Si utilizamos el ejemplo de la melodía anterior, los primeros pasos al realizar una habilidad motora compleja, esta podría ser comparada con esos primeros pasos de una persona aprendiendo a tocar el piano donde la persona actúa de una forma lenta e imprecisa, en exclusiva con sus dedos índices o dando lugar a resultados parecidos a lo de los vídeos crueles de caídas y saltos a medias que aparecen en *YouTube* en el caso de habilidades gimnásticas (Figura 1).

Figura 1. Código QR para escanear y ver ejemplo entre nivel de destreza alto y bajo en la habilidad de *Backflip y Frontflip*.

En este apartado vamos a hacer una descripción básica de estos procesos que nos permita conocer la división y definición de las principales áreas corticales y subcorticales para construir la explicación de las conexiones entre estas que dan lugar a la neurobiología relacionada con el aprendizaje del movimiento. Posiblemente te estés preguntando... ¿Tendrá tanta influencia conocer qué partes del sistema nervioso influyen en el proceso de enseñanza de un ejercicio de manera óptima? La respuesta es rotundamente SÍ. Utilizar una estrategia de enseñanza optimizada va a provocar que estas conexiones entre áreas se produzcan a una velocidad mayor y de forma adecuada, logrando que estas se parezcan a la forma en que se realizan las actividades que ejecutamos en la vida diaria (Hossener & Wenderoth, 2007), y por tanto, que podamos optimizar el tiempo invertido para que una persona aprenda mucho más rápido y retenga mejor la información adquirida para las ocasiones posteriores.

Al final de este libro deberías ser capaz de tener una noción básica sobre las siguientes cuestiones: ¿Qué sucede cuando aprendemos? ¿Cuál es el orden temporal que se da, a nivel mecánico y neural, en nuestro organismo? ¿Las características de un tipo de instrucción tendrán una proyección diferente en el proceso de aprendizaje de una habilidad? ¿Por qué se produce esto? ¿Podemos desarrollar una metodología racional y eficaz que esté fundamentada en la teoría de la neurociencia a la hora de enseñar a entrenar? Comencemos...

Podemos dividir la "anatomía" del sistema nervioso encargada del procesamiento en dos grandes áreas: corticales y subcorticales. Estas se ven activadas predominantemente según el tipo de atención durante cualquier gesto motor, siendo denominadas bajo el nombre de regulación descendente y ascendente respectivamente.

Las **áreas corticales** son aquellas zonas de la corteza cerebral que forman parte de la masa cerebral media y superficial. Entre ellas vamos a destacar el papel de la corteza prefrontal (CPF), la corteza motora primaria (CMP) y el área motora suplementaria (AMS) (Figura 2). Estas áreas son activadas en mayor medida cuando las estrategias de enseñanza tienen un alto contenido en conocimiento explícito, o dicho de otra manera, cuando la persona que está aprendiendo está altamente concentrada en la creación del movimiento paso a paso (Diamond, 2013).

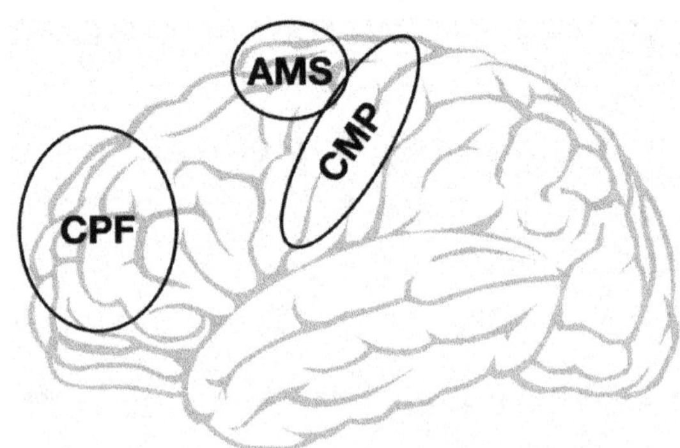

Figura 2. Representación del cerebro con áreas diferenciadas según su función. Creación propia.

Si usamos estrategias de enseñanza donde la atención es direccionada hacia el control del movimiento, propio de las primeras fases experimentales con una tarea, o del control voluntario, el aprendizaje resultante estará relacionado principalmente con la activación de estas grandes áreas corticales.

Este tipo de procesamiento se produce de manera sucesiva activando las áreas de la corteza prefrontal (encargada de elaborar una hipótesis de cómo organizar el movimiento de la mejor manera posible); la corteza motora primaria (responsable de elegir la musculatura y su grado de activación) y por último el área motora suplementaria (que evalúa la probabilidad de éxito) antes de disparar la orden motora seleccionada a través de las vías eferentes. En los primeros estadios del aprendizaje de una tarea, las personas con mayor activación en estas regiones cerebrales tienen mejor rendimiento en diversas tareas (Duncan & Owen, 2000; Poldrack et al., 2005), estando relacionado con la regulación descendente, propio del control explícito del movimiento. Esto no está relacionado con una mejor retención ni que haya un mejor aprendizaje en el largo plazo, como pudiera parecer.

Otra característica de este tipo de procesamiento es que tiene, de manera general, una velocidad menor que la requerida en las actividades de la vida diaria (imagínate pensar en que músculos vas a activar cuando te sobresalta el despertador por la mañana). Por ello, este tipo de procesamiento normalmente tiene lugar en las primeras fases de aprendizaje, donde la persona tiene puesta toda su atención en el control articular para realizar una acción determinada.

Que este tipo de procesamiento tenga lugar de manera común y de forma automatizada no quiere decir que sea la única forma de elaborar un proceso de enseñanza-aprendizaje, ni que sea la mejor manera. En determinadas ocasiones, como en las acciones que tienen lugar a alta velocidad, o actividades bajo presión donde la persona es sometida a un alto grado de estrés, tiene lugar un fenómeno llamado *"parálisis por análisis"* o denominado en la literatura como *constraint action hypothesis* (McNevin et al., 2003). En estas situaciones la persona, escasa de coordinación para la activación-inhibición muscular de manera automática, bloquea la armonía del control subconsciente de los músculos que intervienen en el movimiento, derivando hacia un comportamiento robótico, totalmente contrario a esa fluidez que describíamos en los atletas expertos. En línea con lo anterior, cabe destacar que este tipo de pensamiento también boicotea el procesamiento automático o rápido, más propio de la activación de las áreas subcorticales, que desarrollaremos más tarde. Este boicot hace que la persona sea dependiente del control de los segmentos corporales y que demore más tiempo en alcanzar este aprendizaje automatizado, requerido en las acciones diarias. Por ello este tipo de procesamiento, que podría tener valor en las primeras etapas, cuando "el piloto automático" no es suficiente, tendrá una influencia negativa en el control del movimiento que explicaremos a continuación con otro tipo de procesamiento.

Por último, cabe destacar que las afectaciones psicosociales en el día a día como la alteración o ausencia del sueño, la tristeza, el estrés o los estados emocionales negativos, tienen mayores efectos negativos en la CPF, por encima de las otras áreas cerebrales. El desempeño en las tareas que dependan principalmente de estas áreas (como ocurre con los novatos o las personas con un aprendizaje altamente declarativo) van a ver mermado, de manera significativa, su rendimiento, como es el caso de lo que ocurre con las tareas ejecutadas bajo presión o las tareas cotidianas que son realizadas bajo estas condiciones (Lam et al., 2009a).

En cambio, las acciones motoras resultantes del control subcortical tienen una mayor resistencia a estas situaciones negativas. Este tipo de control, a diferencia del pensamiento explícito, demanda una menor ocupación de las áreas superiores del SNC, liberando en mayor medida los recursos cognitivos disponibles para la acción en curso. Antes, bajo el control explícito del movimiento, argumentábamos que había predominio de activación de las áreas corticales superiores, como la CPF. En este caso, cuando la atención está basada en el objetivo de la tarea, y no en el control del movimiento, la activación es predominantemente de las áreas subcorticales. Este tipo de procesamiento implícito aporta una mejor respuesta motora en situaciones de alta velocidad o estrés aumentado, por lo que facilitar este tipo de atención durante las tareas a través de la instrucción, puede tener mejor efecto en el aprendizaje, y, por tanto, debe ser un objetivo principal durante el proceso de enseñanza de cualquier habilidad. Las áreas subcorticales implicadas principalmente son el putamen, los núcleos ventrolateral (VL) y ventroanterior (VA) del tálamo, los ganglios de la base (GB) el cerebelo (CB) (Figura 3).

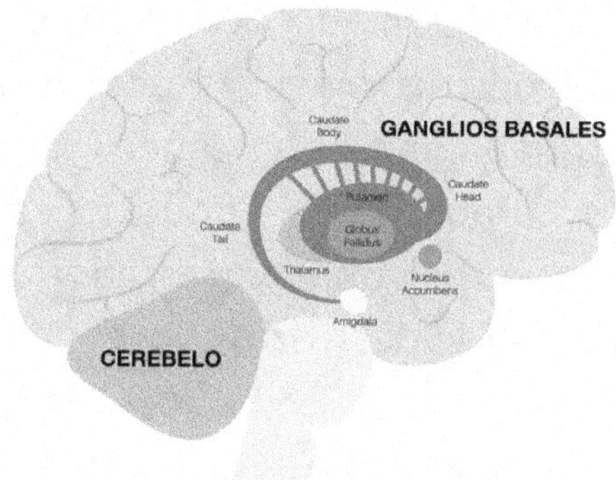

Figura 3. Representación de las áreas subcorticales. Creación propia.

Durante la atención derivada de las instrucciones implícitas, la persona desea alcanzar un objetivo, permitiendo que se produzcan procesos automáticos, altamente variables, de control del movimiento (Bernstein N.A., 1967). Bajo esta forma de procesamiento, los actores principales del control rápido son los ganglios de la base y el cerebelo, que tras llegar la información al tálamo, colaboran en dar respuestas inconscientes (poco o nada verbalizables) que se apoya en el conocimiento previo adquirido durante etapas anteriores del desarrollo motor de la persona, permitiendo una activación mínima en las áreas corticales (Naito & Hirose, 2014) (Figura 4).

Figura 4. Códigos QR con una instrucción relacionada con la estrategia explícita y otra implícita para la tarea de sentadilla o Squat.
https://youtu.be/PURGVr724kU
https://youtu.be/WQjGaglWM2l

Tras procesos de esta naturaleza, se deja una copia de lo sucedido con información de lo acontecido para que, en posteriores ejecuciones, se ajuste la acción nueva con el fin de aumentar la probabilidad de tener éxito. Este tipo de procesamiento es comúnmente conocido como procesamiento ascendente y debe ser el objetivo en las fases de aprendizaje donde la persona tiene destreza sobre una habilidad o tarea (Herrigel, 1999).

De hecho, pensar de manera deliberada en la acción que estás ejecutando cuando ya no es necesario, afecta al desempeño de esta, por lo que interrumpir la activación de la CPF cuando ya no somos novatos, conllevaría mejorar el rendimiento, permitiendo el proceso automático (Miller et al., 2003). Merece la pena hacer un inciso para aclarar esta idea con un ejemplo:

"Este fenómeno puede ser fácilmente entendido con una persona que aprende a tocar un instrumento, donde puede perfectamente verbalizar el orden de los acordes que está tocando, en una fase inicial de aprendizaje. Sin embargo, si le pedimos a una persona que ha improvisado una obra de arte musical, que verbalice punto por punto lo que ha hecho, o que intente pensar acorde a acorde la pieza anterior, esto será una tarea prácticamente imposible. Otro ejemplo de una acción donde es imposible que ocurra el procesamiento explícito sería el resultante de una acción entre jugadores de fútbol, donde uno, al encontrar un adversario de manera repentina, realiza un regate creativo para evitar al rival sin tiempo alguno para pensar en la acción".

Esta diferencia es a causa de las diferentes áreas implicadas en la ejecución de un movimiento. Como podemos ver en las siguientes figuras, en acciones donde podemos expresar fielmente paso a paso cómo la hemos realizado (Hardy et al., 1996), estaremos hablando de un procesamiento lento o predominantemente cortical (Fig. 5A), mientras que en el segundo caso, sin apenas posibilidad de repetirlo de manera voluntaria, está estrechamente relacionada con el comportamiento motor subcortical o de alta velocidad. Esta forma pensamiento de alta velocidad es la expresión más común en las actividades de la vida diaria o el deporte, donde tenemos que dar respuesta a numerosos estímulos a alta velocidad (Koedijker et al., 2011) (Figura 5B).

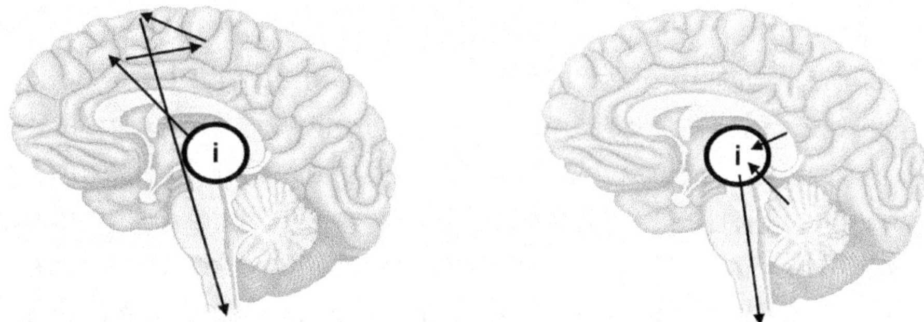

Figura 5. Representación del procesamiento relacionado con las estrategias explícitas e implícitas respectivamente. En la primera imagen existe una alta implicación de las áreas superiores como la corteza prefrontal, motora y área motora suplementaria. En la segunda, al llegar la información al tálamo, son los ganglios de la base y el cerebelo los principales encargados del procesamiento y ejecución motora, dando lugar a un procesamiento más rápido. Creación propia.

En los párrafos anteriores hemos comentado diferentes formas de procesamiento según sea captada la información. Ya en su idea señaló el ya citado Nikolai Alexandrovich Bernstein al describir el concepto *"repetición sin repetición"*, ningún movimiento será exactamente igual al anteriormente ejecutado incluso cuanto este corresponda a gestos repetidos de un mismo movimiento. En esta línea Bernstein afirmaba que "la práctica era un tipo particular de repetición sin repetición", cuando trató de informar al mundo de la ciencia del movimiento sobre la variabilidad inherente que existe en todo movimiento humano.

Principalmente se han descrito los pasos intermedios, relacionados con el procesamiento, que tienen lugar tras la entrada de información (sensación y percepción), y previo a la orden de salida, que da lugar a la ejecución motora. Pues bien, conocemos que tanto el procesamiento, como esta función de salida, es modificada a través de la información percibida en los primeros pasos, que son el resultado de la información del entorno que es captada y percibida al inicio de este proceso en serie, a partir de los cuáles es elaborado el procesamiento y la ejecución para esta información (Figura. 6).

Cabe destacar que la información recibida de manera visual es de gran utilidad para poder crear una imagen mental de lo que queremos que parezca nuestro movimiento, por lo que poder tener una referencia visual facilita en gran medida las primeras relaciones con una habilidad. De ahí la importancia de los modelos o referentes en el aprendizaje de gestos motores. Para entender la magnitud de este evento tenemos referencias de que incluso los monos tití a los que les eran enseñado habilidades claves para su supervivencia, obviamente sin explicarle el mecanismo, eran capaces de copiar las acciones motoras de los investigadores (Iacoboni, 2009). Es por esto por lo que el valor de la información a través de la visualización cobra un papel importante a la hora de enseñar ejercicios y movimientos técnicos en el campo de la actividad física y el deporte. A pesar de esto, no somos capaces de conseguir la máxima optimización del rendimiento motor en una tarea solo por medio de la observación, siendo precisa acompañar la información, con una instrucción o el feedback (Figura. 6).

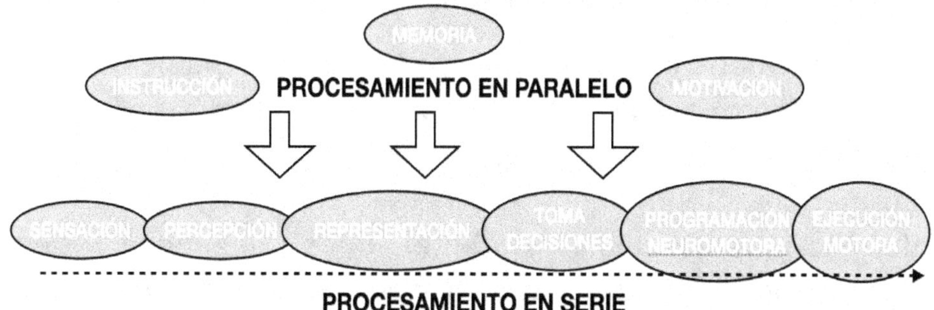

Figura 6. Representación del procesamiento en serie y la importancia de los procesos paralelos como moduladores de la acción motora. Creación propia.

En tareas globales, donde se valoró la máxima aplicación de fuerza, así como la actividad muscular de diferentes estructuras musculares, la instrucción por analogía permitió una mayor implicación de miembros inferiores y menor de los miembros superiores, lo cual era uno de los objetivos buscados para reducir la fatiga y el esfuerzo percibido medidos a través acciones estáticas y dinámicas relacionadas con la tarea de levantar pesos desde el suelo. La instrucción implícita fue comparada con las instrucciones libres autogeneradas por la persona, la visualización de vídeo sin instrucción y las instrucciones con características neutras y explícitas (datos aún sin publicar).

Esto nos lleva a poner en valor los procesos paralelos. Estos mecanismos modulan la posibilidad de éxito de la acción que deriva del procesamiento en serie. Entre estos procesos paralelos destacaremos especialmente la motivación (de la que ya hablamos en la introducción) y la atención, que es orientada a través de la instrucción. Por ello, podemos afirmar que, diseñando una estrategia de enseñanza notable, podemos desarrollar un correcto procesamiento del gesto a nivel del sistema nervioso central desde los primeros pasos del movimiento, y así facilitar la respuesta motora a través de la práctica.

2.2. Rol de la memoria de trabajo

La memoria de trabajo (MT) participa estrechamente en este procesamiento del gesto en el SNC abordado en el capítulo anterior. Esta se encarga exclusivamente de trabajar con la información en el momento presente y se encarga de retener la información disponible durante unos segundos, siendo comúnmente confundida con la *memoria a corto plazo* (MCP), también conocida como "memoria primaria" o "memoria activa". La principal diferencia es que la MT se encarga principalmente de controlar y regular la información importante en el transcurso de una tarea (Miyake & Shah, 1999), mientras la MCP solo se encarga de retener, no de trabajar con la información.

Por ejemplo, en una tarea de recordar una codificación numérica, la MCP sería la encargada principal si simplemente siguiéramos la numeración propuesta. Por otro lado, si tuviéramos que recordar no solo toda la numeración, sino que además tuviéramos que ordenarla, sería responsable la MT (Diamond, 2013).

Principalmente en las actividades de la vida diaria, la MT se encarga de la resolución de problemas como paso previo al aprendizaje derivado de la tarea en curso. Merece la pena destacar su limitada capacidad de recursos, ya que esto es un elemento clave que debe invitar a los profesionales para que actúen provocando la menor ocupación de estos recursos durante su instrucción, pues esto aporta beneficios en diferentes dimensiones, como veremos a continuación. Además, algunas personas con necesidades especiales, como por ejemplo las personas con patología neurológicas, estrés agudo o simplemente novatas en la materia, presentan una capacidad aún menor en su MT. Por ello, es especialmente tener este aspecto en cuenta, ya que limita aún más la capacidad de procesamiento, dentro de los recursos limitados que tiene este proceso para el grueso de las personas (Buszard et al., 2017; van Abswoude et al., 2020).

En este sentido, Fitts y Posner ayudaron al desarrollo del conocimiento del aprendizaje y la influencia de la MT en él estos procesos con su propuesta basada en tres etapas para la adquisición de habilidades motoras. Este abordaje del problema plantea una primera etapa que denominan cognitiva (relacionada con una mayor demanda de la MT a través de un aprendizaje eminentemente explícito), a la que le sigue una etapa asociativa, hasta finalmente llegar a la etapa relacionada con la mayor destreza, la etapa integradora, donde la MT es liberada facilitando la atención a la acción (Fitts & Posner, 1967).

Este modelo lineal es mundialmente conocido y seguido por muchos profesionales de diferentes campos vinculados a la actividad y al ejercicio físico. Se propone, bajo este paradigma, que los procesos cognitivos explícitos faciliten la adquisición de habilidades en mayor medida en personas poco experimentadas (novatos), y que conforme la práctica va alcanzando un mayor grado de maestría, esta sea ejecutada de manera automatizada, sin tanta demanda atencional (Anderson, 1993), en aquellas personas que posean un mayor nivel de destreza. En esta etapa avanzada, menos dependiente de los procesos explícitos, generar reglas por medio de la instrucción con información explícita, que ya no es necesaria, da lugar a comportamiento sub-óptimos, debido al exceso de información durante el procesamiento en las personas con mayor nivel (Ford et al., 2005). Esta hipótesis es conocida como *deautomatization-of-skills-hypothesis* y luego la estudiaremos cuando hablemos de la preferencia de los ejecutantes por un tipo de foco de atención u otro.

No obstante, debido a la actual evidencia disponible al respecto (Masters et al., 2012; Verburgh et al., 2016) puede no ser la única vía a seguir cuando se entrenan algunas habilidades específicas, como es el caso de las habilidades motoras que se precisan en el ejercicio físico. Conocemos que este paradigma propuesto por Fitts y Posner, donde pasamos de un conocimiento declarativo alto, a unas etapas avanzadas donde se produce unas condiciones implícitas, con menor conocimiento declarado, no son siempre necesarios, como muestra el artículo anterior de Verburgh y colaboradores.

Al igual que a los bebés no se le enseña verbalmente cómo tienen que hacer efectivo ese patrón cruzado entre el miembro inferior y su contralateral superior en los patrones de gateo o en sus primeros pasos (básicamente porque no son capaces de entender el lenguaje), a los mayores tampoco deberíamos, de manera indiscriminada, darle elevadas cantidades de información explícita sobre el control de cada uno de los segmentos corporales durante la ejecución de un ejercicio (práctica común entre multitud de profesionales). Los bebés controlan las diferentes articulaciones explorando posibilidades basándose en la visualización, interiorización y consecución de objetivos por medio de la práctica. Esto se debe posiblemente a las denominadas neuronas espejo y a la activación de las áreas corticales relacionadas con la visualización (Southgate et al., 2009). Por tanto, podemos decir que, en fases tempranas de aprendizaje, la capacidad de poder realizar una tarea por medio de los mecanismos implícitos, y no ser dependientes de la instrucción explícita, se apoya en el aprendizaje motor previo que la persona posea en ese momento, y que, si es capaz de no ser dependiente de la instrucción, es gracias a la riqueza motriz que posea derivada de las actividades que haya realizado a lo largo de su desarrollo.

Este fenómeno es comúnmente conocido como transferencia (Figura 7).

Figura 7. Ejemplo de bebé tratando de conseguir un objetivo de manera implícita.

Es común que, cuando una persona comienza a practicar un ejercicio nuevo, el profesional del movimiento que le asiste, basándose en esta progresión donde los primeros pasos hay un alto componente explícito, enumere una lista de acciones que se deberían tener en cuenta, antes y durante el movimiento. Verbalizar una infinidad de ideas, conlleva aumentar la dificultad que de mantener la atención a todos los elementos (Johnson et al., 2013; Kal et al., 2018). Con la mejor intención del mundo, el profesional desea insertar todo el conocimiento como si de un *pen drive* se tratase, pero seguramente sin el resultado deseado.

El problema se encuentra en que, como mencionamos anteriormente, nuestra memoria de trabajo tiene recursos limitados, por lo que esto se torna difícil si actuamos de esta forma. Este tipo de instrucción va a generar una mayor activación de la corteza prefrontal, ocupando en mayor medida la MT, y dejando menos recursos disponibles para ejecutar la tarea (por ejemplo, para captar información necesaria de nuestro entorno). Desde esta óptica, si para hacer un ejercicio como el peso muerto, verbalizamos cuatro, cinco o seis elementos para la realización del movimiento, estamos utilizando un número de reglas a nuestro entender demasiado elevado. Sabemos que el número de elementos (hablaremos a lo largo del libro del número de reglas) que utilicemos durante la instrucción afectará a la ocupación de la memoria de trabajo, de forma directamente proporcional, con una mayor ocupación de recursos atencionales. Aquellas instrucciones con menor número de reglas (Zeniya & Tanaka, 2021) tiene una menor carga en la MT, por lo que facilita la retención del conocimiento tras un período de inactividad, facilitando mayor autoeficacia (Capio et al., 2020) y colaborando a mejorar las respuestas afectivas. Además, estas instrucciones ayudan a amortiguar la disminución del rendimiento en situaciones bajo niveles de estrés alto (45)[3]. A continuación, os facilitamos acceso a dos vídeos relacionados con metodologías basadas en el control máximo de los elementos de manera explícita en el contexto educativo, que nos sirven de apoyo para atender, que la mayor cantidad de conocimiento explícito, no nos asegura un mayor ni mejor aprendizaje (Everything at one, 2019; Bright, et al., 1994-2004; Wit fitness, 2022) (Figura 8).

Figura 8. Código QR con acceso a vídeos donde las estrategias explícitas no tienen un buen resultado en el contexto educativo.
https://youtu.be/aE2UJ6wkPRQ

Esto nos hace pensar que puede no ser imprescindible pasar por las etapas declarativas durante un proceso de aprendizaje, al menos en lo que hace referencia a la totalidad de las habilidades o tareas, o con todas las personas. Esto era algo que se proponía habitualmente en la literatura tradicional, debido a los motivos que veremos a lo largo del libro, como son la sobrecarga en la MT

---

[3] El rendimiento en una tarea aprendida en condiciones controladas no está asegurado en condiciones bajo estrés. Este aumento del estrés provoca una mayor demanda cognitiva, que se suma a la propia de la actividad, saturando en mayor medida la MT.

o el cese de los automatismos promovidos por el control involuntario durante el procesamiento central relacionado con las tareas implícitas (Steenbergen et al., 2010). Parece que para aprender a ejecutar algunos patrones básicos de movimiento (empujar, tirar o agacharse) o incluso algunas habilidades más complejas como saltar a la comba (Tse et al., 2017), donde como es lógico no hay que seguir fielmente el modelo de enseñanza propuesto por los autores mencionados anteriormente, sino que hay utilizar alternativas metodológicas.

Por ello por lo que vamos a proponer una metodología de enseñanza basada en el uso del menor número de reglas posible con el fin de tener una menor ocupación de la MT y los efectos positivos que esto conlleva. Este tipo de estrategias son comúnmente conocidas como estrategias implícitas.

Las propuestas con características implícitas ayudan a atenuar la alta ocupación de la MT en contextos con alto de estrés, así como sus consecuencias.

Por último, cabe mencionar que la MT tiene la particularidad de no estar localizada en ningún lugar de la estructura cognitiva de una persona. Ello hace que no tengamos herramientas tangibles como un electromiógrafo o un plicómetro para la valoración de parámetros como pueden ser la capacidad u ocupación de esta memoria de trabajo, como haríamos para medir la actividad muscular o la grasa subcutánea de una persona. Para ello, entendemos necesario nombrar las formas habitualmente utilizadas en la literatura para su valoración, así como aquellas relacionadas con el conocimiento declarado, elemento relacionado con la ocupación de la memoria de trabajo (Alloway & Alloway, 2013).

El conocimiento declarado (CD), por otro lado, es evaluado a través de cuestionarios de tipo verbal o escrito aplicado justo inmediatamente después de terminar una tarea, donde se le pide al participante que exprese toda la información que pueda declarar, y que haya estado manejando, durante la ejecución de la tarea. El tipo y el número de reglas de su respuesta tiene relación con la ocupación de la MT y la posible tasa de aprendizaje, siendo demostrado que la persona que pueda verbalizar con más detalle cómo ha generado el movimiento, es más dependiente del aprendizaje explícito[4] (Maxwell et al., 2000). Esto rompería con la creencia común que afirma que a mayor capacidad de explicar verbalmente el movimiento, mayor será el rendimiento obtenido en la tarea. Ya conocemos que no es necesario ni mucho menos conocer paso por paso cómo se realiza una arrancada. Simplemente podemos apoyarnos en la intención de elevar la barra apoyándonos en algunos elementos del entorno.

Vamos a ilustrar este contenido con dos ejemplos: a María del Carmen, 65 años y ninguna experiencia con el ejercicio físico, le recomienda su internista que comience un programa de ejercicio físico con un profesional[5] para disminuir las consecuencias de las comorbilidades relacionadas con hipotiroidismo, sarcopenia y osteoporosis que padece. Ella comienza un programa de entrenamiento con un educador físico en un gimnasio un lunes a las 20,00 horas, con el entorno habitual de gente gruñendo alrededor de la zona de peso libre. El educador físico elige comenzar con la enseñanza del peso muerto (Figura 9), ya que es un ejercicio con alta implicación neuromuscular de miembros inferiores y superiores relacionado con la funcionalidad en las AVD y que activa el rol del músculo como órgano endocrino, impactando en las comorbilidades presentes. Basándose en los manuales disponibles y en su propia formación y experiencia, normalmente muy centradas en la dosis óptima, pero poco en la

---

[4] Relacionado con el foco interno.
[5] Si, ya existen los sanitarios que derivan hacer ejercicio físico con otros profesionales, pocos, pero existen.

didáctica de las tareas, propone una estrategia que podría ser algo como esto:

"Abre tus pies hasta la anchura de tus caderas / baja tu espalda manteniendo tu curvatura lumbar / activa tu abdomen / mantén el pecho arriba para no redondear la espalda / coloca tu cuello en línea con tu espalda".

Figura 9. Mujer adulta mayor haciendo el ejercicio peso muerto o *deadlift*.

En este escenario está presente una persona adulta mayor, normalmente ya lejos de las mejores condiciones de su memoria de trabajo, sin experiencia en el entrenamiento de fuerza, un entorno estresante ante miradas ajenas, música, ruidos y una estrategia de enseñanza, que, aunque con la mejor de las intenciones, está lejos de facilitar el aprendizaje.

Otro ejemplo que nos gustaría compartir contigo es el de Antonio, autónomo de 45 años. Él se apunta con su amigo Pedro a las clases de entrenamiento de funcional de alta intensidad o *Cross Training* para mejorar su condición física y sentirse mejor. En el bloque de fuerza inicial, el entrenador se dispone a explicar la instrucción de la arrancada o *snatch* basada en el manual de referencia de este tipo de entrenamiento (Glassman, G. 2011) proponiendo la siguiente tarea:

"Pies abiertos debajo de las caderas / cogemos la barra con un agarre abierto / hombros por delante de la barra / mantenemos nuestra espalda lo más recta posible / cadera y hombros suben a la vez /

> cuando la barra esté cerca de la cadera, extendemos rápido / los
> talones no se levantan hasta que la rodilla y la cadera no estén
> extendidas / tira con tus brazos para atrás y encoge tus hombros /
> recibe la barra con los brazos rectos / sube hasta extender rodilla y
> cadera con los brazos extendidos".

En un clima y entorno poco favorable para mantener los niveles de cortisol bajos, si atendemos al número y tipo de reglas recibidas durante la instrucción, podemos concluir que no se ha prestado al uso adecuado de las estrategias de enseñanza (Lam et al., 2009a; Tse et al., 2012) y por ende, la instrucción podría no ser la más adecuada. Este tipo de estrategias de enseñanza puede provocar incapacidad, poca autoeficacia y dificultar la autonomía de la persona, elementos que modulan negativamente la experiencia y afectando a la posibilidad de fomentar la adherencia al ejercicio físico, en el caso de que la motivación de la persona por la práctica sea insuficiente.

Bibliografía:

Alloway, T. P., & Alloway, R. G. (2013). Working memory across the lifespan: A cross- sectional approach. *Journal of Cognitive Psychology, 25(1),* 84–. https://doi.org/10.1080/ 20445911.2012.748027

Anderson, J. (1993). Rules of mind. *Hillsdale.*

Bernstein NA. (1967). The control and regulation of movements. *London: Pergamon Press.*

Bright, K.S, Kauffman, M., Crane, D. (1994-2004). Friends [Serie de televisión]. *Warner Bros.*

Buszard, T., Farrow, D., Verswijveren, S. J. J. M., Reid, M., Williams, J., Polman, R., Ling, F. C. M., & Masters, R. S. W. (2017). Working Memory Capacity Limits Motor Learning When Implementing Multiple Instructions. *Frontiers in Psychology, 8,* 1350. https://doi.org/10.3389/fpsyg.2017.01350

Capio, C. M., Uiga, L., Lee, M. H., & Masters, R. S. W. (2020). Application of analogy learning in softball batting: Comparing novice and intermediate players. *Sport, Exercise, and Performance Psychology, 9(3),* 357-370. https://doi.org/http://dx.doi.org/10.1037/spy0000181

Diamond, A. (2013). Executive functions. *Annual Review of Psychology*, *64*, 135-168. https://doi.org/10.1146/annurev-psych-113011-143750

Duncan, J., & Owen A.M. (2000). Common regions of the human frontal lobe recruited by diverse cognitive demands. Trends Neurosci. 23:475–83.

Everything at once. (2019, 24 de Mayo) *Funny talented english teacher* [video]. Youtube. https://www.youtube.com/watch?v=Hbn1Rn-OKR8

Fitts, P., & Posner, M. (1967). *Human performance.* (Belmont, C).

Ford, P., Hodges, N. J., & Williams, A. M. (2005). Online attentional-focus manipulations in a soccer-dribbling task: Implications for the procedural ization of motor skills. *Journal of motor behavior*, *37*(5), 386-394. https://doi.org/10.3200/JMBR.37.5.386-394

Glassman, G. (2011). CrossFit training guide level 1. *The CrossFit Journal.*

Hardy, L., Mullen, R., & Jones, G. (1996). Knowledge and conscious control of motor actions under stress. *British Journal of Psychology*, *87*(4), 621-636. https://doi.org/http://dx.doi.org/10.1111/j.2044-8295.1996.tb02612.x

Herrigel, E. (1999). *Zen in the Art of Archery.* (New York:).

Hossener, E.-J., & Wenderoth, N. (2007). Gabriele Wulf: On a attention focus and motor learning. *E-Journal Bewegung und Training*, *1*(1), 1-64.

Iacoboni, M. (2009). Imitation, empathy, and mirror neurons. *Annual Review of Psychology*, *60*, 653-670. https://doi.org/10.1146/annurev.psych.60.110707.163604

Johnson, L., Burridge, J. H., & Demain, S. H. (2013). Internal and external focus of attention during gait re-education: an observational study of physical therapist practice in stroke rehabilitation. *Physical Therapy*, *93*(7), 957-966. https://doi.org/10.2522/ptj.20120300

Kal, E., van den Brink, H., Houdijk, H., van der Kamp, J., Goossens, P. H., van Bennekom, C., Scherder, E., van der Kamp, J., Goossens, P. H., van Bennekom, C., Scherder, E., van der Kamp, J., Goossens, P. H., van Bennekom, C., & Scherder, E. (2018). How physical therapists instruct patients with stroke: an observational study on attentional focus during gait rehabilitation after stroke. *Disability and Rehabilitation*, *40*(10), 1154-1165. https://doi.org/10.1080/09638288.2017.1290697

Koedijker, J. M., Poolton, J. M., Maxwell, J. P., Oudejans, R. R. D. R. D., Beek, P. J., & Masters, R. S. W. (2011). Attention and time constraints in perceptual-motor learning and performance: instruction, analogy, and skill level. *Consciousness and Cognition*, *20*(2), 245-256. https://doi.org/10.1016/j.concog.2010.08.002

Lam, W. K., Maxwell, J. P., & Masters, R. (2009a). Analogy learning and the performance of motor skills under pressure. *Journal of Sport & Exercise Psychology, 31*(3), 337-357. https://doi.org/10.1123/jsep.31.3.337

Masters, R. S. W., van der Kamp, J., & Capio, C. (2012). Implicit motor learning by children. En J. Coté & Lidor R. (Eds.), *Conditions of children's talent development in sport* (Morgantown),

Maxwell, J. P., Masters, R. S. W., & Eves, F. F. (2000). From novice to no know-how: A longitudinal study of implicit motor learning. *Journal of Sports Sciences, 18*(2), 111-120. https://doi.org/10.1080/026404100365180

McNevin, N. H., Shea, C. H., & Wulf, G. (2003). Increasing the distance of an external focus of attention enhances learning. *Psychological Research-Psychologische Forschung, 67*(1), 22-29. https://doi.org/10.1007/s00426-002-0093-6

Miller, P., Brody, C. D., Romo, R., & Wang, X. J. (2003). A Recurrent Network Model of Somatosensory Parametric Working Memory in the Prefrontal Cortex. *Cerebral Cortex, 13*(11), 1208-1218. https://doi.org/10.1093/cercor/bhg101

Miyake, A., & Shah, P. (1999). Models of working memory: Mechanisms of active maintenance and executive control. *Cambridge University Press.* https://doi.org/https://doi.org/10.1017/CBO9781139174909

Naito, E., & Hirose, S. (2014). Efficient foot motor control by Neymar's brain. *Frontiers in Human Neuroscience, 8*(AUG), 1-7. https://doi.org/10.3389/fnhum.2014.00594

Poldrack, R. A., Sabb, F. W., Foerde, K., Tom, S. M., Asarnow, R. F., Bookheimer, S. Y., & Knowlton, B. J. (2005). The neural correlates of motor skill automaticity. *Journal of Neuroscience, 25*(22), 5356-5364. https://doi.org/10.1523/JNEUROSCI.3880-04.2005

Steenbergen, B., van der Kamp, J., Verneau, M., Jongbloed-Pereboom, M., & Masters, R. S. W. (2010). Implicit and explicit learning: Applications from basic research to sports for individuals with impaired movement dynamics. *Disability and Rehabilitation: An International, Multidisciplinary Journal, 32*(18), 1509-1516. https://doi.org/http://dx.doi.org/10.3109/09638288.2010.497035

Southgate, V., Johnson, M. H., Osborne, T., & Csibra, G. (2009). Predictive motor activation during action observation in human infants. *Biology Letters, 5*(6), 769-772. https://doi.org/10.1098/rsbl.2009.0474

Tse, A. C. Y., Fong, S. S. M., Wong, T. W. L., & Masters, R. (2017). Analogy motor learning by young children: a study of rope skipping. *European Journal of Sport Science, 17*(2), 152-159. https://doi.org/10.1080/17461391.2016.1214184

Tse, A. C. Y., Masters, R. S. W., Whitehill, T. L., & Ma, E. P.-M. (2012). The use of analogy in speech motor performance. *International Journal of Speech-Language Pathology, 14*(1), 84-90. https://doi.org/http://dx.doi.org/10.3109/17549507.2011.616600

van Abswoude, F., Buszard, T., van der Kamp, J., & Steenbergen, B. (2020). The role of working memory capacity in implicit and explicit sequence learning of children: Differentiating movement speed and accuracy. *Human Movement Science, 69*, 102556. https://doi.org/10.1016/j.humov.2019.102556

Verburgh, L., Scherder, E. J. A., van Lange, P. A. M., & Oosterlaan, J. (2016). The key to success in elite athletes? Explicit and implicit motor learning in youth elite and non-elite soccer players. *Journal of Sports Sciences, 34*(18), 1782-1790.
https://doi.org/http://dx.doi.org/10.1080/02640414.2015.1137344

Zeniya, H., & Tanaka, H. (2021). Effects of different types of analogy instruction on the performance and inter-joint coordination of novice darts learners. *Psychology Of Sport And Exercise, 57*. https://doi.org/10.1016/j.psychsport.2021.102053

Wit fitness, (2022) *Speaking of correct deadlift form...* [video]. Instagram. https://www.instagram.com/reel/CbN4EFpF-zz/?igshid=YmMyMTA2M2Y=

Contextualización de las estrategias de enseñanza: más allá de blanco o negro en la focalización de la atención.

Ángel Carnero-Díaz.
Marzo Edir Da Silva-Grigoletto.

Si hablamos sobre el tiempo necesario para producir un aprendizaje significativo, la experiencia siempre ha tenido un alto grado de importancia en un proceso de esta naturaleza. Tanto es así que una de las creencias más extendidas en este campo, a nuestro modo de ver mal interpretada, habla de la importancia de cumplir 10.000 horas de práctica deliberada para convertirte en experto (Figura 1). Esta propuesta se basa en las investigaciones que realizó el psicólogo sueco Anders Ericsson (1947-2020) en la Academia de Música de Berlín con violinistas de diferente nivel (Ericsson et al., 1993).

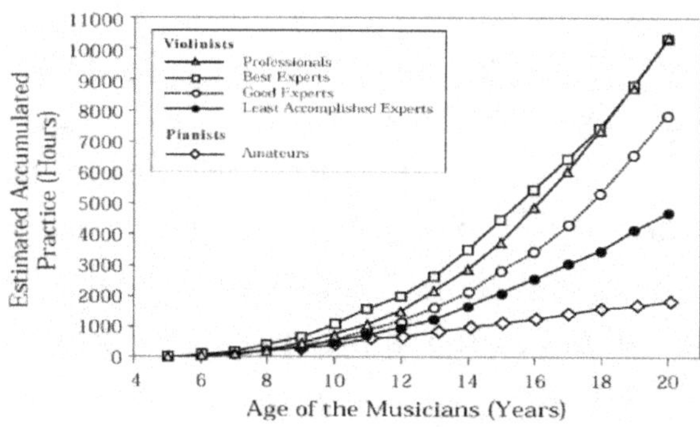

Figura 1. Cambios relacionados con diferentes edades y horas de prácticas acumuladas. Fuente: Ericsson (1993) *Psychological Review, 100*(3).

Esta gráfica ha sido profusamente referenciada para soportar este posicionamiento teórico, donde muchas personas con "dilatada experiencia" profesional se apoyan para justificar comportamientos basándose en sus X años de práctica que, en multitud de casos, frecuentemente están carentes de formación especializada y actualizada.

Esta afirmación no se soporta si analizamos algunas situaciones reales que pueden alterar el desempeño abruptamente. Pueden existir descensos en el rendimiento o cambios abruptos en el aprendizaje derivados de alteraciones del entorno (concentraciones, cambios de equipo de trabajo...) o modificaciones en el estilo de enseñanza. Además, en la fuente original (Ericsson et al., 1993) es cierto que se habla ampliamente de la importancia de las horas de práctica cuando deseamos diferenciar a la persona amateur de la experta, pero también poniendo en valor la trascendencia de la práctica deliberada[6].

Por algún motivo solo se ha divulgado la importancia de la cantidad por encima de la calidad de la práctica. No obstante, algunos trabajos han abordado cómo una persona puede alcanzar una elevada maestría en diversas habilidades como el ajedrez, la música, los juegos, el deporte, la educación o el trabajo, poniendo el acento en la calidad y estrategia metodológica utilizada en el proceso formativo y no en el volumen de práctica ejecutada. Todos estos estudios aportan evidencias contundentes sobre la importancia que tiene la práctica deliberada por encima del tiempo utilizado en el proceso, por lo que cobra especial interés atender a las estrategias de enseñanza utilizadas para hacer que este tiempo de exposición a la práctica sea optimizado.

---

[6] Puede definirse como la participación en actividades creadas específicamente para mejorar el rendimiento en un dominio y que favorece el aprendizaje significativo.

Por otro lado, basados en el tiempo de exposición únicamente, es común ver períodos de familiarización, cuyo objetivo es el aprendizaje, parecidos a esta frase:

> "La repetición es requerida para cambiar patrones en la coordinación específica… Una guía general es realizar 20-30 repeticiones lentas o hasta dos minutos de repeticiones lentas"

Este tipo de instrucciones basadas en el volumen de entrenamiento en exclusiva pueden ser mejoradas añadiendo una estrategia de enseñanza adecuada. Autores han evidenciado que las personas precisan en las primeras etapas resolver problemas, propios de la práctica deliberada, en lugar de realizar patrones de movimiento repetitivos sin toma de decisiones (Davids et al., 2014). Por tanto, aunque la práctica por sí sola pueda provocar cambios en el aprendizaje motor (Bernstein, 1996; Dreyfus, 2004), la labor del profesional es optimizar el tiempo invertido a través de las mejores estrategias.

Por ello, podríamos dejar el proceso de familiarización o aprendizaje relativo al ejercicio que se hiciera de cualquier manera, pero conocemos que la instrucción provoca mejores efectos (Wulf & Lewthwaite, 2016a) y además que las instrucciones implícitas aportan mayores mejoras que las estrategias explícitas (Maxwell et al., 2000; Tielemann et al., 2008). Por ello, abogamos por guiar este proceso que fomente el desarrollo del aprendizaje motor, usando las estrategias disponibles de una manera deliberada y no lineal, centrada en la persona y la monitorización del proceso.

El aprendizaje motor, inherente al rendimiento, es definido como un cambio en la capacidad para realizar una habilidad determinada que conlleva una mejora relativamente permanente en el desempeño de una actividad como resultado de la práctica (Magill & Anderson, 2014). Este aprendizaje, cuando lo llevamos al campo de la motricidad, es altamente singular ya que sobre él interactúan multitud de elementos a lo largo de todo desarrollo de la persona (Edelman & Gally, 2001), haciendo que este proceso sea único y diferenciado para cada persona (Brewer, 2017) (Figura 2).

Debido a esto, a lo largo del libro se usa el término *estrategia de enseñanza* y no *estrategia de aprendizaje*, ya que afirmar que una tarea *X* va a producir un aprendizaje *Y* es una afirmación arriesgada. Esto es poco probable, o casi imposible de predecir con exactitud, debido a la multitud de procesos que interactúan.

"En 3 semanas vas a poder conseguir ese movimiento"
"Con estas progresiones, vas a conseguir aprender"

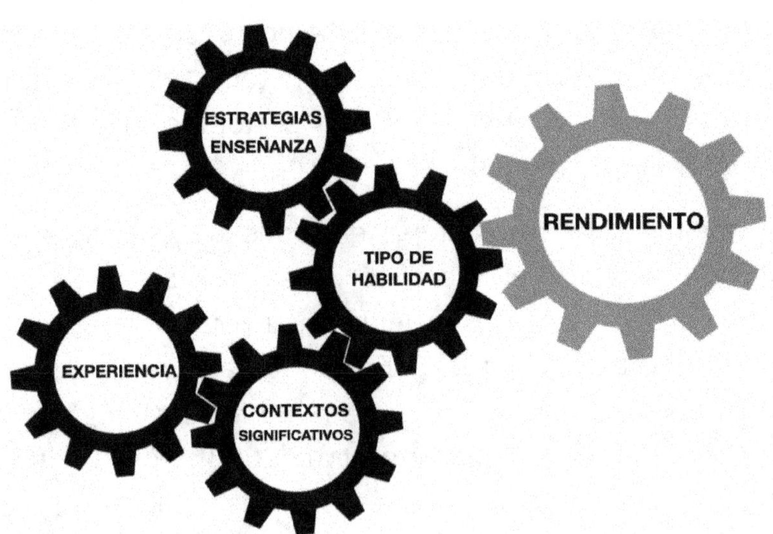

Figura 2. Ejemplo de elementos que interactúan en el rendimiento para explicar dichos elementos para el desarrollo motor. Fuente: Brewer (2017) En libro: *Athletic Movement Skills.*

En cambio, las estrategias de enseñanza que dan lugar a la instrucción, cuando son correctamente seleccionadas, facilitan que la atención este focalizada en aquellos elementos del entorno, o en aquellos procesos cognitivos, que provocarán una tendencia positiva y una mejora en el proceso de aprendizaje (Marchant et al., 2009).

Podemos ilustrar este constructo por medio de la pedagogía no lineal (Correia et al., 2019) y el *constraint led approach* (Renshaw et al., 2019). Recordemos que una pedagogía no lineal es aquella que entiende al sujeto enseñado como un sistema complejo en permanente interacción de todos sus elementos constituyentes y aquellos que configuran su entorno. Igualmente, el *constraint led approach* debemos entenderlo como un proceso basado en restricciones (*constraints*), es decir, como un método de enseñanza/entrenamiento basado en los principios de la pedagogía no lineal donde los elementos se manipulan condicionando el sistema.

Tengamos en cuenta que una estrategia de enseñanza es la selección, dentro del conocimiento estructurado de cada profesional, de una herramienta en busca de optimizar un proceso de enseñanza-aprendizaje INDIVIDUALIZADO, a través de la instrucción. Estas herramientas deben orientar la atención, de una manera eficiente, hacia la información relevante en el entorno, aumentando de esa forma la posibilidad de captar la información que en teoría hará que la persona tenga un rendimiento mayor y un aprendizaje más eficiente de la tarea. Esta información aumentada actúa como *constraint* (Renshaw et al., 2010) (Figura 3) en el entorno, alterando la relación entorno-organismo, que da lugar al comportamiento motor (Balagué et al., 2019). Si esta estrategia de enseñanza está alineada con los posicionamientos científicos que veremos a continuación, parece más probable que consiga un comportamiento motor óptimo por encima de usar estrategias que pueden incluso disminuir la calidad del resultado final.

Figura 3. La buena instrucción actúa como constreñimiento para aclarar el camino.

Las estrategias de enseñanza, por tanto, podríamos definirlas como la elección, dentro de un sistema estructurado, de aquellos elementos que sirven de vehículo para facilitar la adquisición de conocimiento, maximizando las adaptaciones, provocando el menor esfuerzo posible.

Comúnmente ha existido, en la práctica laboral y en el ámbito académico, la bifurcación entre foco externo (FE) y foco interno (FI) en el estudio de la atención. El número de publicaciones que hay comparando el efecto de ambas intervenciones en diferentes situaciones y tareas es abrumador. Sin embargo, algunos autores han criticado está visión binaria de este constructo (Gose & Abraham, 2021) aportando conocimiento sobre la dificultad de mantener los límites de la focalización en tareas a alta velocidad o donde se realizan actividades (por ejemplo la gimnasia acrobática) donde hay que tener precisión entre la interacción del cuerpo y los elementos, por lo que la focalización de la atención pasa a ser de externa a interna o viceversa de manera dinámica y rápida (Gose & Abraham, 2021; Toner & Moran, 2014) (Figura 4).

Figura 4. Representación del carácter dinámico del foco de atención durante una acción motora permitiendo cambiar de un tipo de focalización durante una misma tarea. Fuente: Adaptado de Gose (2021) *Experimental Brain Research, 239*(6).

Tras la realización de una revisión nos encontramos que esta dicotomía entre foco interno o foco externo es muy superficial y que el aumento de la literatura en este ámbito se ha realizado ante una falta de consenso terminológico y basado en un paradigma poco estable. Existen teorías como la *"Constrained Action Hypothesis"* (Hossener & Wenderoth, 2007) y la *"Deautomatization-of-skills-hypothesis"* (Beilock et al., 2002), que tratan de explicar y dar soporte a los elementos que interactúan desde la instrucción, el procesamiento de la información y la acción motora. Aunque estas tengan características comunes, como tratar de conseguir el procesamiento automático, las diferencias se sustentan en otros elementos que no son tenidos en cuenta, tales como el nivel de destreza, el número de reglas utilizadas o aquellas tareas donde no es posible el uso de la focalización externa y que complica al estudiante la búsqueda y el análisis de la literatura al respecto. En los títulos hallados en la bibliografía científica nos encontramos, para tratar de profundizar en los efectos de la instrucción, términos como *external focus, implicit learning, internal focus, explicit learning, analogy learning, cueing, feedback, instruction, coaching, self-talk, dissociative or holistic focus,* lo que dificulta al lector la creación de un marco conceptual sólido y bien definido.

Además, algunos estudios mostraban dificultades metodológicas, que, a la hora de la práctica, cobran especial relevancia. Fueron comparadas un tipo de instrucción con otra, aportando un valor añadido hacia un tipo de instrucción, pero que no tenían un grupo que no era instruido. Por tanto, se extraían conclusiones a favor de un tipo de instrucción, cuando realmente, en algunas tareas, el mero hecho de no instruir podría tener efectos que aportaran mejoras similares (Río Rodríguez et al., 2018). Por otro lado, las conclusiones de estudios donde comparan instrucciones implícitas y explícitas de manera general deben ser tomados con cautela. Vamos a ver a continuación que las diferentes instrucciones implícitas tienen características compartidas y otras que difieren entre ellas. Por lo que es necesario estudiar las características concretas de la instrucción facilitada ya que pueden diferir en aspectos tan relevantes como el feedback de resultado o el número de reglas aplicadas.

Para tratar de superar este obstáculo terminológico, nosotros nos apoyaremos en los términos foco externo y foco interno, no como única división dentro de la instrucción, si no como parte del cuerpo de conocimiento dentro de las estrategias implícitas o explicitas. Con la finalidad de facilitar el contexto teórico alrededor de las estrategias de enseñanza, se aporta a continuación un esquema que contempla las diferentes estrategias señaladas junto a los tipos de instrucción que comparten características dentro de cada grupo (Figura 5).

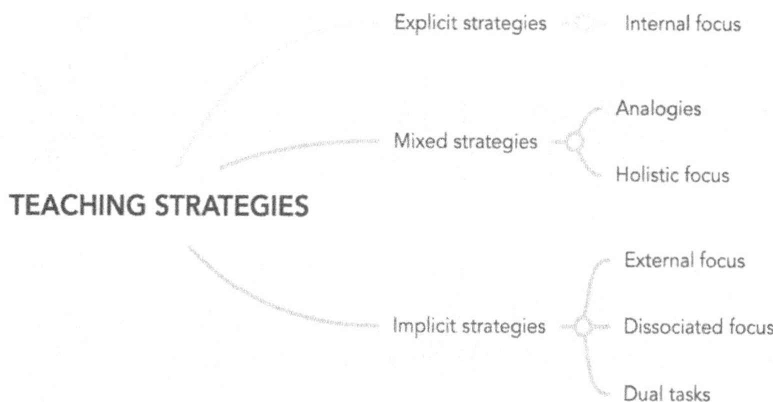

Figura 5. Esquema por el cual un profesional puede crear una estrategia de enseñanza basándose en las diferentes estrategias disponibles descritas en la literatura. Creación propia.

Antes de seguir profundizando, cabe mencionar la definición de lo que es la *atención* y la importancia de esta. La atención es un proceso activo de selección de información del medio, que aterriza en la memoria de trabajo (Schmidt, R. 2014). La habilidad de identificar dirigir y mantener la atención es conocida como *foco de atención*. Esta focalización de la atención, que está mediada de manera positiva o negativa por la instrucción del profesional, o de uno mismo, va a tener impacto en el rendimiento (Vidal et al., 2018), en la cinemática (Munzert et al., 2014), en la cinética (Lohse & Sherwood, 2012) en diferentes habilidades motoras. Por otro lado, los profesionales también son capaces, por medio de la instrucción, de crear instrucción que alineen el foco de atención y modular la experiencia dolorosa (Van Damme et al., 2010).

Los trabajos que hacen alusión a estrategias implícitas[7] (Chatzopoulos et al., 2020), hacen referencia a instrucciones donde no se expresa detalladamente cómo la persona tiene que crear el movimiento. El cuerpo de conocimiento que nombra la focalización externa o a la atención disociada tiene características relacionadas con las estrategias implícitas, por lo que, en nuestra estructura de conocimiento, las pondremos bajo este paraguas.

---

[7] El instructor no da reglas de ejecución. Este dirige la atención utilizando un estímulo secundario.

Por el contrario, la literatura relacionada con focalización interna presenta en su marco teórico que este tipo de instrucción comparte las principales características de las estrategias de enseñanza explícitas, ya que la mayoría orientan la instrucción hacia el control cinemático o la creación del movimiento.

Algunos documentos ponen de relieve que la focalización derivada de las estrategias no es estática. Por el contrario, la atención posee un carácter dinámico (Gose & Abraham, 2021) donde la persona, durante una acción, puede optar por cambiar la atención provocando alteraciones en el resultado final de la tarea. Estos cambios en el resultado serán menores si se mantiene la misma área de pensamiento[8] (ej. cambiar la atención desde "empuja contra las marcas del suelo" por "sube lo más rápido posible"), o serán mayores si se cambia la atención a otra área (e.j cambiar la atención desde "empuja contra las marcas del suelo" por "voy a intentar colocar mi espalda lo más recta posible"). Esto cambiaría la atención desde la focalización en el efecto de la tarea, por otro foco centrado en el proceso, como sería el control de la cinemática articular. Este fenómeno puede alterar las adaptaciones del ejercicio cuando este es realizado bajo estas dos condiciones a lo largo del tiempo. Las personas que mejor desempeño van a tener realizando estos cambios de foco van a ser los expertos (Shusterman, 2008). Estos, debido a una menor ocupación de la MT, disponen de mayor cantidad de recursos para poder atender a diferentes focos o cambiar de uno a otro con mayor facilidad que los novatos. Existen evidencias de que incluso acróbatas expertos no tienen un mejor resultado con uno u otro foco de atención (Wulf, 2008). Por otro lado, se ha observado cómo bailarines expertos, mantenían entre 2-5 focos atencionales sin tener diferencias entre la focalización externa e interna, convirtiendo el punto de la focalización de la atención en un

---

[8] Cambiar un foco externo por otro externo o mixto.

continuum, en tareas que así lo precisan (Chua et al., 2018) (Figura 6).

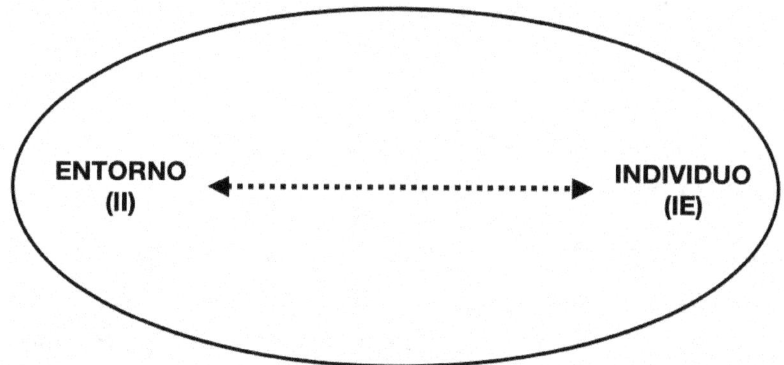

Figura 6. Representación de la focalización de la atención de manera dinámica durante la tarea, lejos de la dicotomía focalización interno o externa. Fuente: Adaptado de Gose (2021) *Experimental Brain Research, 239*(6).

Relacionado con esto, los profesionales deben prestar atención a que, a pesar de elaborar una estrategia de enseñanza ideal basada en la literatura, las personas pueden preferir y modificar su foco de atención, boicoteando la estrategia de enseñanza y por tanto condicionando el resultado del aprendizaje de la tarea (Wulf et al., 2001). De hecho, una encuesta reportó que el 69,2% de atletas de élite de los Estados Unidos incluidos en un estudio preferían un foco interno autodeterminado (Porter et al., 2012), sin entrar en si este tipo de foco tiene unas consecuencias positivas o negativas en el resultado final de la tarea motora.

Incluso la familiarización con un tipo de instrucción explícita tiene efecto en el rendimiento de la tarea aunque no cumpla los criterios óptimos (Maurer & Munzert, 2013b). Por ejemplo, una persona experta, acostumbrada a este tipo de instrucción, aun teniendo características negativas, puede ver afectado su rendimiento si es corregido de manera forzosa, a través de una instrucción con la que no esté familiarizado aunque sea una estrategia recomendable. Esto puede verse explicado por lo que se define como deautomatization-*of-skills-hypothesis,* en la que una instrucción dada de una manera contraria a la del período de aprendizaje de una persona, puede provocar cambios negativos (Maurer & Munzert, 2013b). A pesar de esto, que una persona esté familiarizada o tenga una preferencia por un determinado estilo de instrucción no asegura mayores mejoras en el desarrollo de esta atención (Stoate & Wulf, 2011).

Por tanto, debemos resaltar el rol de la educación alrededor de la práctica, transmitiendo la importancia de seguir las instrucciones de manera deliberada, y usando el *feedback* para asegurarnos de que se sigue cumpliendo la atención aconsejada[9]. Además, se debe monitorizar el rendimiento. Es importante destacar esto para no caer en el determinismo de crear una relación lineal entre el uso de una estrategia y unos resultados.

Bibliografía:

Balagué, N., Pol, R., Torrents, C., Ric, A., Hristovski, R., (2019). On the Relatedness and Nestedness of Constraints. *Sports Medicine - Open, 5*(1). https://doi.org/10.1186/s40798-019-0178-z

Beilock, S. L., Carr, T. H., MacMahon, C., & Starkes, J. L. (2002). When paying attention becomes counterproductive: Impact of divided versus skill-focused attention on novice and experienced performance of sensorimotor skills. *Journal of Experimental Psychology: Applied, 8*(1), 6-16. https://doi.org/10.1037/1076-898X.8.1.6

Bernstein, N. A. (1996). On dexterity and its development. En M. Latash & M. T. Turvey (Eds.), *Dexterity and its development* (Mahwah, NJ, p. (pp. 3–244).).

Brewer, C. (2017). Athletic Movement Skills. En *Athletic Movement Skills.* https://doi.org/10.5040/9781492595250

Chatzopoulos, D., Foka, E., Doganis, G., Lykesas, G., & Nikodelis, T. (2020). Effects of analogy learning on locomotor skills and balance of preschool children. *Early Child Development and Care.* https://doi.org/http://dx.doi.org/10.1080/03004430.2020.1739029

---

[9] Debe destacarse aquí que podemos valorar la atención por medio de test de ocupación de la MT por medio del conocimiento declarado.

Chua, T. X., Sproule, J., Timmons, W., Xinling (2018). Effect of Skilled Dancers' Focus of Attention on Pirouette Performance. *Journal of Dance Medicine & Science, 22*(3), 148-159. https://doi.org/10.12678/1089-313X.22.3.148

Correia, V., Carvalho, J., Araújo, D., Pereira, E., & Davids, K. (2019). Principles of nonlinear pedagogy in sport practice. *Physical Education & Sport Pedagogy, 24*(2), 117-132. http://search.ebscohost.com/login.aspx?direct=true&AuthType=ip,uid,shib&db=s3h&AN=134749465&site=ehost-live&scope=site

Davids K, Brymer, E., Seifert, L., & Orth, D. (2014). A constraints-based approach to the acquisition of expertise in outdoor adventure sports. En K. Davids, R. Hristovski, D. Araújo, N. Balague Serre, C. Button, & P. Passos (Eds.), *Complex Systems in Sport*.

Dreyfus, S. E. (2004). The five-stage model of adult skill acquisition. *Bulletin of Science Technology & Society, 24(3),* 177. https://doi.org/10.1177/0270467604264992

Edelman, G., & Gally, J. (2001). Degeneracy and complexity in biological systems. *Proc Natl Acad Sci., 98:13763–8.* https://doi.org/https://doi.org/10.1073/pnas.231499798

Ericsson, K. A., Krampe, R. T., & Tesch-Römer, C. (1993). The Role of Deliberate Practice in the Acquisition of Expert Performance. *Psychological Review, 100*(3), 363-406. https://doi.org/10.1037/0033-295x.100.3.363

Gose, R., & Abraham, A. (2021). Looking beyond the binary: an extended paradigm for focus of attention in human motor performance. *Experimental Brain Research, 239*(6), 1687-1699. https://doi.org/10.1007/s00221-021-06126-4

Hossener, E.-J., & Wenderoth, N. (2007). Gabriele Wulf: On a attention focus and motor learning. *E-Journal Bewegung und Training, 1*(1), 1-64.

Lohse, K. R., & Sherwood, D. E. (2012). Thinking about muscles: The neuromuscular effects of attentional focus on accuracy and fatigue. *Acta Psychologica, 140*(3), 236-245. https://doi.org/10.1016/j.actpsy.2012.05.009

Magill, R., & Anderson, D. (2014). Motor learning and control: Concepts and applications (10th ed.). SG: McGraw-Hill Education.

Marchant, D. C., Greig, M., & Scott, C. (2009). Attentional focusing instructions influence force production and muscular activity during isokinetic elbow flexions. *Journal of strength and conditioning research, 23*(8), 2358-2366. https://doi.org/10.1519/JSC.0b013e3181b8d1e5

Maurer, H., & Munzert, J. J. (2013b). Influence of attentional focus on skilled motor performance: performance decrement under unfamiliar focus conditions. *Human Movement Science*, *32*(4), 730-740. https://doi.org/10.1016/j.humov.2013.02.001

Maxwell, J. P., Masters, R. S. W., & Eves, F. F. (2000). From novice to no know-how: A longitudinal study of implicit motor learning. *Journal of Sports Sciences*, *18*(2), 111-120. https://doi.org/10.1080/026404100365180

Munzert, J., Maurer, H., & Reiser, M. (2014). Verbal-Motor Attention-Focusing Instructions Influence Kinematics and Performance on a Golf-Putting Task. *Journal Of Motor Behavior*, *46*(5), 309-318. https://doi.org/10.1080/00222895.2014.912197

Porter, J., Wu, W., & Partridge, J. (2012). Focus of Attention and Verbal Instructions: Strategies of Elite Track and Field Coaches and Athletes. *Sport Science Review*, *19*(3-4). https://doi.org/10.2478/v10237-011-0018-7

Renshaw, I., Chow, J., Davids, K., & Hammond, J. (2010). A constraints-led perspective to understanding skill acquisition and game play: a basis for integration of motor learning theory and physical education praxis? *Physical Education & Sport Pedagogy*, *15*(2), 117-137. http://search.ebscohost.com/login.aspx?direct=true&AuthType=ip,uid,shib&db=s3h&AN=49707644&site=ehost-live&scope=site

Renshaw, I., Davids, K., Newcombe, D., & Roberts, W. (2019). *The Constraints-Led Approach*. Routledge.

Río Rodríguez, D., Iglesias-Soler, E., Cuadrado-Pérez, J., & Ferández-del-Olmo, M. (2018). Are internal focuses really useful? *International Journal of Physical Education, Fitness and Sports*, *7*(3), 72-79. https://doi.org/10.26524/ijpefs1838

Schmidt, R. (2014). *Motor learning and performance: from principles to application*. Human Kinetics, Champaign, IL.

Shusterman, R. (2008). *Body consciousness: a philosophy of mindfulness and somaesthetics*. Cambridge University Press, Cam- bridge, New York.

Stoate, I., & Wulf, G. (2011). Does the Attentional Focus Adopted by Swimmers Affect Their Performance? *International Journal Of Sports Science \& Coaching*, *6*(1), 99-108. https://doi.org/10.1260/1747-9541.6.1.99

Tielemann, N., Raab, M., & Arnold, A. (2008). Effects of instructions on motor learning: Learning through analogies or movement rules? *Zeitschrift fur sportpsychologie*, *15*(4), 118-128. https://doi.org/10.1026/1612-5010.15.4.118

Toner, J., & Moran, A. (2014). In praise of conscious awareness: a new framework for the investigation of «continuous improvement» in expert athletes. *Frontiers in Psychology*, *5*, 769. https://doi.org/10.3389/fpsyg.2014.00769

Van Damme, S., Legrain, V., Vogt, J., & Crombez, G. (2010). Keeping pain in mind: a motivational account of attention to pain. *Neuroscience and Biobehavioral Reviews*, *34*(2), 204-213. https://doi.org/10.1016/j.neubiorev.2009.01.005

Vidal, A., Wu, W., Nakajima, M., & Becker, J. (2018). Investigating the Constrained Action Hypothesis: A Movement Coordination and Coordination Variability Approach. *Journal of Motor Behavior, 50*(5), 528-537. https://doi.org/10.1080/00222895.2017.1371111

Wulf, G., & Lewthwaite, R. (2016a). Optimizing performance through intrinsic motivation and attention for learning: The OPTIMAL theory of motor learning. *Psychonomic bulletin & review*, *23*(5), 1382-1414. https://doi.org/10.3758/s13423-015-0999-9

Wulf, G., Shea, C., & Park, J. H. (2001). Attention and motor performance: preferences for and advantages of an external focus. / Attention et performance motrice: preferences pour et avantages d ' un centre d ' attention externe. *Research Quarterly for Exercise & Sport, 72*(4), 335-344. http://articles.sirc.ca/search.cfm?id=S-798966

Capítulo 4

Estrategias de enseñanza implícitas, explícitas y mixtas.

Ángel Carnero-Díaz.
Marzo Edir Da Silva-Grigoletto.

4.1. Estrategias de enseñanza explícitas.

Las estrategias explícitas son aquellas en las que la instrucción contiene información sobre cómo ejecutar un movimiento. Entre las características principales de este tipo de metodología destacan:

- Mayor conocimiento manifiesto sobre la construcción del movimiento (conocimiento declarado).
- Generalmente, es propuesto un elevado número de reglas durante la instrucción.
- Mayor ocupación de la memoria de trabajo y de las áreas corticales.
- Dificulta la automaticidad y la variabilidad del procesamiento automatizado.
- Puede dar lugar al fenómeno de parálisis por análisis.

La forma más común de representar el proceso explícito es por medio de la focalización interna (FI). Esta puede ser definida como la atención dirigida hacia el cuerpo durante el movimiento (Wulf et al., 1999), incluyendo sus diferentes partes, así como sus tejidos, fisiología y sensaciones (Gose & Abraham, 2021) (Figura 1).

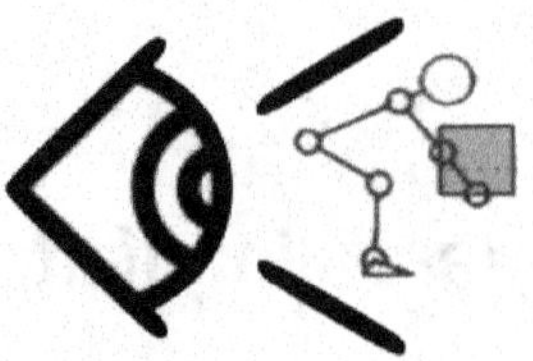

Figura 1. Representación de un foco interno, donde la atención está dirigida hacia el control propio.

A pesar de las características anteriores, donde parece que la focalización interna es la peor opción a escoger a la hora de elaborar una estrategia de enseñanza, existe evidencia científica de los beneficios de su uso en diversas situaciones específicas:

- Cuando el objetivo de la tarea es aumentar la actividad muscular la focalización interna aporta beneficios superiores (Schoenfeld et al., 2018). Por ejemplo, en contextos donde se busca la maximización de la activación muscular, como en el caso del entrenamiento con sobrecargas para la ganancia de masa muscular (Marchant et al., 2008; Vance et al., 2004), este tipo de instrucción ha sido ampliamente usada en el culturismo. Esta estrategia es conocida como *mind muscle conection*. Basándonos en este abordaje, otra área donde puede tener sentido el uso de la FI es cuando se trabaja con personas con alteraciones propioceptivas derivadas de procesos dolorosos o lesiones, donde se busque mejorar de manera específica la coordinación neuromuscular.

- En las primeras etapas de formación, algunos estudios (Duncan & Owen, 2000; Poldrack et al., 2005) apoyan el uso del foco interno por encima de otras estrategias. Esto se apoya en el argumento de que en las primeras etapas de aprendizaje el alumno no es capaz de *"caminar con el piloto automático"* involucrando las áreas del sistema nervioso propias del control avanzado. Por ello, la persona principiante se podría beneficiar de estrategias atencionales relacionadas con la mayor actividad de la corteza prefrontal, a pesar de no ser la opción ideal en etapas posteriores.

- En tareas cuyo objetivo sea el proceso (control de la cinemática) esto podría tener sentido.

  "En los primeros pasos de un proceso de recuperación de alguna dolencia del miembro inferior, como profesional puedo apuntar a que la rodilla esté más cerca de mi quinto dedo que del primero".

- En habilidades donde el objetivo sea un resultado (*ejemplo:* mejorar la producción de fuerza), este tipo de estrategias retrasará la consecución de resultados, ya que los recursos estarán repartidos entre el proceso de la propia tarea y el objetivo.

- En procesos de entrenamiento con atletas expertos en los que se busca corregir un detalle técnico parece que el uso de FI no está tan contraindicado y provoca mejoras en la en la corrección de deportistas expertos. Una hipótesis rescatada de los archivos que tratan el tema (Beilock et al., 2002) es que el motivo de estas potenciales ventajas recae en que los atletas expertos tienen tan integrado los gestos técnicos que ocupan muy poco la MT. Esto conlleva que el deportista tenga más recursos disponibles para dividir la atención con otros estímulos, como pudiera ser el caso de implementar un foco interno durante una ejecución. Esto es posible con aquellas habilidades en las que el ejecutante sea experto, de manera que casi con cualquier estrategia de enseñanza conseguirá efectos positivos. Tanto es así que, en esta población, lejos de beneficiar el comportamiento motor, una instrucción puede perjudicar el rendimiento sea cual sea la estrategia empleada (Maurer & Munzert, 2013a).

Por ello, el uso de estrategias explícitas se reserva para situaciones concretas. Esto rompe con la línea tradicional de enseñanza en la que se produce un abuso de estrategias de FI y que despliega un número grandes de reglas durante la instrucción.

4.2. Estrategias de enseñanza implícitas

Las estrategias de enseñanza implícitas son definidas como aquellas estrategias en las que el profesional no da pautas sobre cómo ejecutar un movimiento. En lugar de esto, el profesional propone dirigir la atención hacia un estímulo secundario existente en el entorno o imaginado. Con esta estrategia, el participante no tiene la capacidad de verbalizar el aprendizaje que está teniendo lugar, es decir, no es capaz de declarar cómo está realizando el movimiento (Chatzopoulos et al., 2020). Esto hace que la creación de la acción motora sea generada predominantemente por niveles más bajos de procesamiento, sin ocupar las áreas superiores de la corteza cerebral.

Podemos destacar entre estas las estrategias de focalización externa, las dobles tareas y las estrategias disociativas. Entre los rasgos principales de este tipo de intervenciones destacan:

- El procesamiento de las actividades de la vida diaria y el deporte, en las que el control del movimiento se hace de manera inconsciente, está relacionado con este tipo de instrucciones.

- Existe un menor conocimiento sobre la construcción del movimiento (conocimiento declarado), lo que provoca que la memoria de trabajo esté más liberada en comparación ~~da~~ con lo que ocurre con estrategias explícitas.

- Generalmente se propone un número bajo de reglas durante la instrucción, ya que se busca orientar la atención atendiendo al mínimo número elementos durante la instrucción.

- Esta menor ocupación de la memoria de trabajo produce principalmente activación de las áreas subcorticales, liberando las corticales para la toma de decisiones.

- La automaticidad y la variabilidad del movimiento está presente en el procesamiento "automático" durante las acciones enmarcadas en este tipo de estrategias.

Recuerda una acción deportiva donde vieras a una persona saltar… Cuando cayó ¿parecía que estuviera preocupado en su postura o en el contexto del deporte? Como puedes ver, este tipo de acciones no están apoyadas en estrategias explícitas, y sí en atender al contexto.

La primera de las ramas de las estrategias implícitas, y la más estudiada, es la focalización externa (FE), la cual debe ser entendida como aquella instrucción que dirige la atención hacia el efecto de la acción (Wulf et al., 1999) (Figura 2).

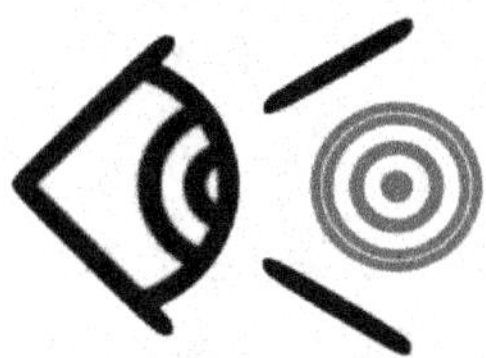

Figura 2. Representación de un foco externo, donde la atención está dirigida hacia un objetivo en el entorno.

El artículo que habitualmente ha servido para ilustrar el FE, y su diferencia con el foco interno, fue publicado en 1998 por el grupo de Wulf y colaboradores, donde compararon el efecto en la cinemática de dos estrategias mientras el deportista usaba un simulador de esquí (Wulf et al., 1998). La primera, basada en la FI, tenía esta instrucción: *"Exert force on the outer foot" frente a la instrucción basada en el FE que nombraba "Exert force against the wheels"*. Como puedes ver, las estrategias parecen similares, pero difieren en la dirección de la atención, donde la FI está dirigida hacia el cuerpo, y la FE está dirigida al efecto del movimiento, que es intentar hacer fuerza contra la rueda del aparato. A pesar de que hacer fuerzas contra las ruedas sea categorizado como un foco externo, algunos estudios con primates encontraron que cuando focalizaban la atención en la herramienta que usaban, en este caso un rastrillo, a pesar de estar definida como un FE, la activación cerebral era similar a que si el instrumento fuera una extensión de la mano (Maravita et al., 2002) (Figura 3).

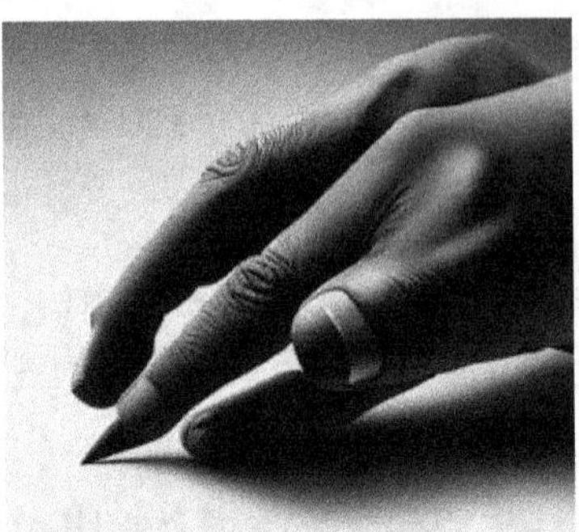

Figura 3. Ejemplo de cómo un foco externo proximal puede ser representado por el cerebro como un foco interno. Fuente: Adaptado de Gose (2021) *Experimental Brain Research, 239*(6).

Otro caso llamativo es cuando se realiza un ejercicio con una prótesis, a la que el cerebro la reconoce como parte del cuerpo a pesar de no tener capacidad de enviar información interoceptiva, (de Preester & Tsakiris, 2009).

Por ello, existe evidencia que no apoya el uso del foco externo por su característica de dirigir la atención al entorno *per se* Cuando se compara el uso de focos externos, que estén cercanos al cuerpo, con focos externos que están más alejados de la parte del cuerpo involucrada, el hecho de alejar el punto a donde se dirige la atención salva el problema de dirigir la atención hacia un foco externo proximal, que, según los autores, pueden ser percibidos como focos internos, como extensión del propio cuerpo. Parece ser que aporta mayores mejoras la focalización externa distal (Kearney, 2015; Nagano et al., 2020; Porter et al., 2012) aportando aún mayores beneficios las distancias óptimas, ya que alejar mucho la atención no reporta mejores resultados. Los artículos que tratan en profundidad esta cuestión no hacen hincapié en la importancia del conocimiento de resultado, pero a nuestro parecer, este es uno de los elementos clave para que el foco externo provoque mayores mejoras en términos de autonomía y motivación debido a la naturaleza del propio procesamiento de la acción, comparado con focos externos, que no permitan este conocimiento de manera simplificada, como es el caso del primer artículo del simulador de esquí.

El uso del FE generalmente aporta mayores beneficios que otras estrategias de enseñanza, normalmente comparado con estrategias explícitas, siendo medidas en términos de eficiencia, ya sea esfuerzo o actividad muscular (Lohse et al., 2011; Porter et al., 2010), precisión (Chiviacowsky et al., 2013), producción de fuerza isométrica (Lohse & Sherwood, 2011), con cargas externa (Marchant et al., 2009) o sin carga externa (Wulf et al., 2008) o en el control postural (Ducharme & Wu, 2014).

Otro de los ejes sobre los que se apoya nuestra hipótesis a favor de las estrategias implícitas es que uno de los principales mecanismos que modula el procesamiento, después de una instrucción, es el número de reglas que se presentan. Aquellas estrategias que propongan un número de reglas menor van a ocupar la MT en menor medida y esto tendrá influencia positiva en su rendimiento bajo presión y su capacidad de retención (Tse et al., 2017).

Algunos autores aconsejan que, en cada situación de enseñanza sean utilizadas entre 1 y 2 reglas a la vez para evitar la saturación de esta MT (Dreyfus, 2004). Las estrategias implícitas poseen de manera general la posibilidad de presentar la instrucción a través de un número más reducido de reglas posibles. En este tipo de procedimiento no se tienen que verbalizar las diferentes partes del control del movimiento, sino que trataremos de poner un objetivo en el entorno, proponiendo así que la persona simplemente trate de alcanzar el objetivo de la tarea. Si, además, la instrucción permite generar un feedback sobre el resultado, la persona tendrá respuestas psicosociales positivas en dimensiones tan importantes como la motivación. Esta puede influir en ella a través de la mejora de la autonomía, ya que el feedback de resultado o la mejora de la competencia hace que resulte más fácil corregir o corroborar que se está consiguiendo el objetivo de la tarea (Brunet & Sabiston, 2011; Ryan & Deci, 2020). Esto tiene una repercusión positiva en el aprendizaje y el rendimiento explicada en la siguiente imagen (Wulf & Lewthwaite, 2016b) (Figura 4).

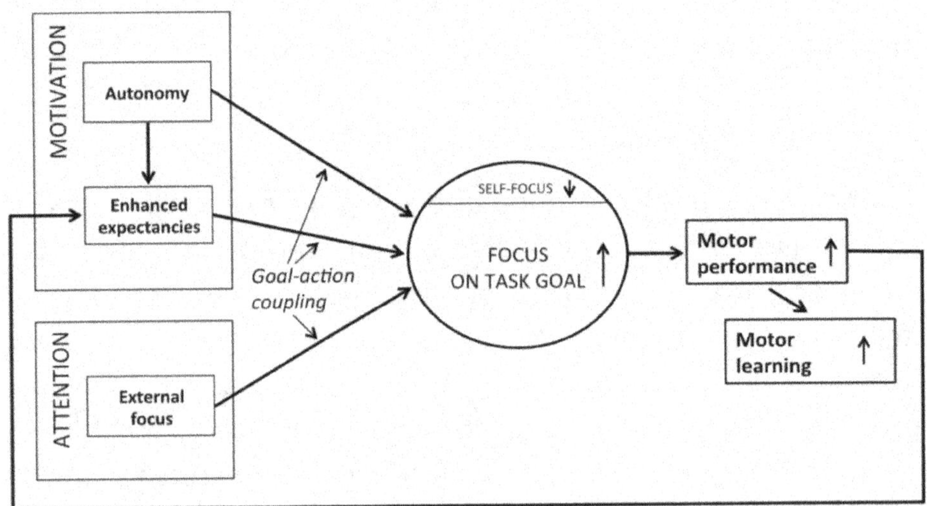

Figura 4. Ejemplo representativo de como la autonomía puede influir positivamente en el aprendizaje. La mejora de la autonomía, facilitada a través de la atención en el objetivo de la tarea, tiene un efecto positivo en el rendimiento y el aprendizaje. Esta circunstancia, provoca a su vez una mejora de las expectativas por medio del feedback y retroalimenta este proceso. Fuente: Wulf (2016) Psychonomic bulletin & review, 23(5).

Una de nuestras conclusiones, después del estudio de la bibliografía disponible es que una de las principales características que da valor a las estrategias implícitas, en concreto al llamado FE, es que permite un autofeedback cuando la atención es dirigida a un elemento del entorno que nos permite, repetición a repetición, tener una evaluación sobre si se ha acercado más o menos al objetivo a la tarea que se está ejecutando al rendimiento deseado.

Es por ello por lo que el foco externo puede presentar estas ventajas, ya que normalmente es instruido por medio de un menor número de reglas y además favorece el conocimiento de resultado autónomo después de las primeras fases.

Cuando hacemos ejercicio, ya sea con fines recreativos o de competición, podemos tener múltiples opciones para localizar nuestra atención. Sabemos que la focalización externa provoca mejoras, como hemos descrito anteriormente, en diferentes habilidades de manera global, así como por ejemplo en el rendimiento y la eficiencia que se puede alcanzar durante la carrera (Schücker et al., 2013). La focalización disociada (FD) también ha demostrado que puede tener efectos positivos en este sentido, mejorando la economía de carrera (Terry et al., 2012) y la percepción subjetiva del esfuerzo (Aghdaei et al., 2021) por encima de otras estrategias de atención.

La FD dirige la atención a un estímulo no relacionado con la creación o el efecto de la acción ni con las sensaciones corporales. En lugar de esto, en este modelo de enseñanza el ejecutante dirige su atención a una tarea que lo distrae, como puede ser atender a elementos como música o vídeos (Cox et al., 2020) o hacia operaciones cognitivas previamente establecidas (Figura 5).

Estas distracciones pueden tener una categorización binaria con un foco disociado-interno (ej. resolver un puzle mental) o con un foco disociado-externo (ej. ver una prueba deportiva) (Brick et al., 2014) como ejemplos característicos.

Es recomendable reseñar que el nivel de destreza del deportista modula la preferencia durante la carrera (Morgan & Pollock, 1977). Los expertos reportaron una mayor preferencia por estrategias asociativas o relacionadas con la tarea. En cambio, los novatos se decantaron por el uso de estrategias y disociativas o distractoras.

Figura 5. Ejemplo de foco disociado por medio de conteo regresivo para distraer la atención. Creación propia.

Por otro lado, otros autores analizaron variables fisiológicas como el consumo máximo de oxígeno o el lactato durante una prueba de carrera y encontraron una mayor economía de carrera (menor consumo de oxígeno) y similares niveles de lactato, relacionadas en mayor medida con el tipo de foco que con las preferencias de la persona (Aghdaei et al., 2021). Las estrategias disociativas de este último trabajo fueron contar los pasos que se realizaban, como foco disociado-interno, y ver un vídeo de baloncesto como foco disociado-externo. Parece ser que en este tipo de estrategia el tipo de vídeo utilizado no tiene tanta importancia, ya que otro trabajo mostró mejoras similares facilitando imágenes de carreras a pie (Schücker et al., 2016). Por lo tanto, cuando corremos, utilizar estrategias disociadas puede ser un modelo de enseñanza beneficioso si queremos mejorar el tiempo de carrera o disminuir el esfuerzo percibido.

Parece que el beneficio de las estrategias disociativas tiene mayores efectos a un rango de intensidad determinada. Esta hipótesis está sustentada en la idea de que cualquier persona puede percibir como agradable o poco estresante esa actividad a una intensidad de ejercicio por debajo del umbral ventilatorio. En intensidades próximas al umbral ventilatorio existe mayor variabilidad en la respuesta afectiva al ejercicio, pudiendo ser positiva o negativa, dependiendo de la tolerancia y del foco de atención. Por último, durante el ejercicio extenuante hay homogeneidad en la percepción interoceptiva desagradable a través del sistema nervioso periférico, demandando nuestros sentidos el cese de la actividad inmediato (Ekkekakis, 2003). En la gráfica que se presenta a continuación podemos observar claramente el fenómeno del cambio de la focalización de la atención de las estrategias disociativas a las asociativas, de manera obligatoria, con el aumento de la intensidad (Jones et al., 2014) (Figura 6).

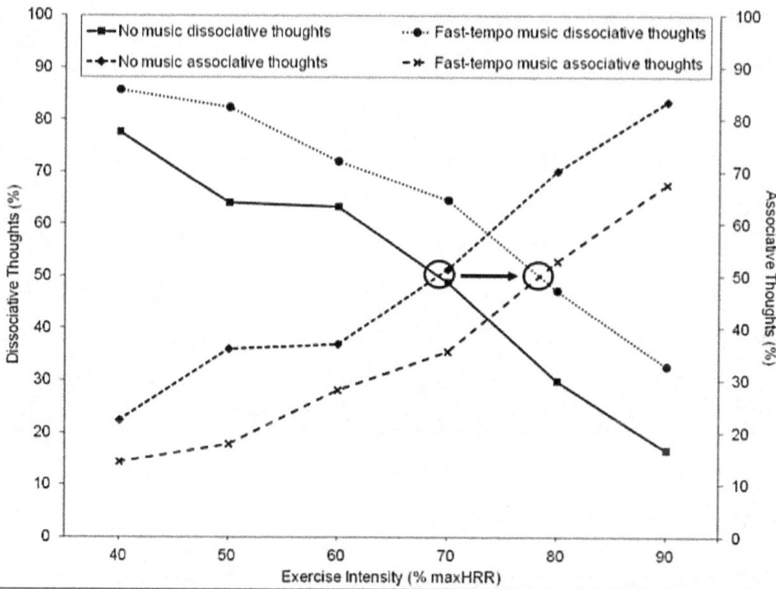

Figura 6. Cambio de pensamiento disociativo a asociativo conforme la intensidad del ejercicio aumenta. Fuente: Morgan (1977) Annals of the New York Academy of Sciences 301(1).

Como síntesis de la relación existente entre la focalización de la atención y las respuestas afectivas a la intensidad, podemos afirmar que cuanto mayor es la magnitud del esfuerzo durante el ejercicio, en mayor medida podríamos beneficiarnos de la atención disociada. A baja intensidad, como nuestras respuestas afectivas no son negativas, no sería necesario utilizarlas. Cuando la intensidad del ejercicio es mayor, cuando se aproxima al umbral ventilatorio, tener una distracción puede mejorar nuestras respuestas afectivas durante el ejercicio. Esto es posible hasta un cierto nivel de esfuerzo, donde es imposible mantener la distracción de las señales sensoriales (Connolly & Tenenbaum, 2010; Hutchinson & Tenenbaum, 2007). En este punto, es imposible atender al estímulo distractorio y la atención pasa a tener una focalización interna durante la máxima intensidad, donde la tarea también suele ir acompañada de una experiencia sensorial desagradable.

Por último, cabe destacar que la cada vez más implantada tecnología de realidad virtual es una potente herramienta para el control de la atención (RV). Este tipo de dispositivos permiten una inmersión profunda en la actividad que se esté realizando con un entorno virtual, y con ello, al tener una alta influencia sensitiva, provocan una distracción de la atención de gran magnitud (Bird et al., 2019). Existe evidencia en la que se compara el ejercicio físico tradicional con ejercicio físico y el ejercicio con RV, y los resultados son altamente significativos a favor del uso de la tecnología para influir en elementos de gran importancia, al menos en algunos sectores de la población, como conseguir una mayor reducción del dolor y de la percepción subjetiva del esfuerzo (Schmitt et al., 2011).

En otro tipo de ejercicio, como es el entrenamiento resistido, también se ha estudiado la influencia de dirigir la atención a estímulos distractorios. Los principales cambios fueron a favor de las estrategias asociativas, relacionadas con la focalización en el ejercicio, cuando el objetivo es mejorar la eficiencia mecánica y reducir el esfuerzo, ya que se consiguió una menor actividad muscular y frecuencia cardíaca durante la tarea cuando se prestaba atención al ejercicio comparada con la focalización disociada que atendía a la letra de una canción (Neumann & Heng, 2011).

Por tanto, podemos concluir que este tipo de FD adquiere mayor sentido cuando se utiliza en tareas cíclicas a media-moderada intensidad, donde la atención dirigida a la producción o efecto del movimiento no va a tener un mayor efecto que la FD.

Por último, detallaremos las características de la focalización en tareas secundarias o dobles tareas. Aquí se dirige la atención a un estímulo secundario, no relacionado ni en la creación ni en el efecto del movimiento, con el simple objeto de ocupar la memoria de trabajo y tratar de que el control del movimiento se realice principalmente por medio de procesos inconscientes derivados de la actividad subcortical. Las diferencias con el FD son menores. Mientras que el foco disociado está orientado a la eficiencia en tareas cíclicas, las llamadas dobles tareas, tienen como objetivo inducir estrés durante una acción o simplemente ocupar la MT para tratar de reducir la información percibida a través de los propioceptores y reducir el dolor percibido.

Se ha utilizado en la evidencia científica dirigido de la siguiente manera:

- Se emplean tareas secundarias de carácter cognitivo como hacer un conteo regresivo de menor dificultad (contar de 2 en 2 hacia atrás) (Lam et al., 2009a), con mayor dificultad (contar de 3 en 3 hacia atrás) (Lam et al., 2009c) o mediante la presentación de códigos para recordar (Baddeley, 1966) con la principal intención de saturar la MT y así comprobar el grado de dependencia de los procesos corticales para el control del movimiento[10].

- Se emplean tareas secundarias de carácter cognitivo para aumentar el estrés percibido de la persona con propuestas orientados en premios económicos (Zeniya & Tanaka, 2021). Como comentamos anteriormente, el estrés y los procesos cognitivos comparten los recursos disponibles en las áreas cerebrales encargadas con el control del movimiento explícito. Por ello, tareas que impliquen un aumento significativo de los niveles de cortisol perjudicará el control del movimiento. Este aumento del estrés ocupa altamente la MT y así podemos observar el grado de dependencia de los procesos corticales para el control del movimiento.

- Otra situación en las que las dobles tareas tienen un potencial beneficio es la de la reducción del dolor. Los pacientes con dolor persistente suelen desarrollar conductas de miedo-evitación donde la hipervigilancia y el catastrofismo asociado provocan una modificación de las conductas de la vida diaria. Finalmente, estas modificaciones acabarán produciendo un desacondicionamiento general que empeorará la salud del paciente, perpetuando el ciclo dolor-miedo-dolor (Figura 7).

---

[10] Si la tarea reduce su rendimiento abruptamente, es que el grado de control cortical es mayor, y por tanto su aprendizaje no es controlado por los procesos subconscientes, los cuales están relacionados con el control motor experto.

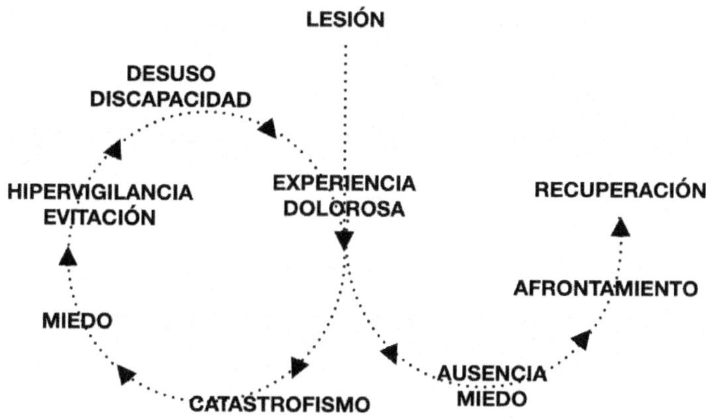

Figura 7. Consecuencias en personas con dolor persistente de la conducta miedo-evitación. Fuente: Adaptado de Gracely (2004)

El catastrofismo relacionado con el dolor aumenta su percepción porque modifica la atención y las respuestas emocionales (Gracely et al., 2004). En este sentido, las dobles tareas exigen una alta demanda de regiones cerebrales relacionadas con la dimensión cognitivo-conductual; por lo que, además de desviar la atención y desviarla del foco doloroso, permitirá crear contextos donde el paciente se sienta más seguro. Esto representa un aspecto clave en la rehabilitación de pacientes con dolor crónico (Zhang & Raichle, 2010).

Pero los beneficios de cambiar el foco no se limitan simplemente a atraer la atención. Al saturar la memoria de trabajo, este tipo de ejercicios contribuye de manera notoria a estimular la corteza prefrontal dorsolateral, que es la región más grande y filogenéticamente más reciente de la corteza frontal, principalmente su región media y anterior. Esta región está involucrada principalmente en la memoria a corto plazo, pero, además constituye una de las principales regiones cerebrales implicadas en los sistemas de inhibición endógena del dolor, la cual con elevada frecuencia se ve afectada en pacientes con dolor crónico (Seminowicz & Moayedi, 2017). De esta forma, este tipo de propuestas contribuyen a mejorar la función de regiones cerebrales íntimamente implicada en la reducción endógena del dolor.

4.3. Estrategias de enseñanza mixtas.

En todas las habilidades no se puede determinar con relativa facilidad un foco de atención, ya sea porque cambie el plano de acción durante el movimiento, la acción se produzca a muy alta velocidad o porque el objetivo de la acción no permita fácilmente conseguir un feedback de resultado. En estos casos, podemos usar estrategias mixtas[11], que poseen características de los dos tipos de estrategias presentadas anteriormente, como son las implícitas y las explícitas.

La principal característica de las estrategias mixtas es que principalmente tienen una orientación hacia el control de la acción, como ocurre también con las estrategias explícitas, pero provocan una menor ocupación de la MT, ya que el control declarado derivado de la instrucción es menor. Esto se consigue gracias a que las reglas usadas en la instrucción reducen su número al máximo, usando una frase familiar para la persona. Así, se pretenden reunir el menor número posible de normas técnicas paratratar de liberar la MT. Aquí podemos destacar las estrategias basadas en el uso de analogías y del foco de atención holístico.

Cuando nos apoyamos en el uso de analogías para dar información, las reglas se ocultan en forma de metáforas o similitudes (Tse et al., 2013) donde la instrucción trata de aunar las reglas requeridas en una única frase que resulta familiar para la persona (Masters, 2000). Para crear estas analogías, nos servimos de experiencias para el diseño de la instrucción, y que esta cree,

---

[11] Son estrategias que comparten características de las estrategias implícitas y explícitas. Este término ha sido usado por el autor A.C.D. debido a que la categorización entre estrategias implícitas y explícitas no permitía incluir en ninguno de los dos grupos las estrategias incluidas en este grupo catalogado como mixto.

gracias a información real o imaginada, *inputs* que faciliten dicho procesamiento cognitivo. Este fenómeno se llama *Motor Imagery (MI)* (Golomer et al., 2008). Podríamos definir el MI como el proceso de crear una experiencia en la mente. Por tanto, cuando hablamos de focalización de la atención por medio de analogías hacemos referencia a que está estrechamente relacionado a la MI. No solo comparten recursos cognitivos, como la ocupación de la MT, sino que también el área cortical, como es el *córtex* prefrontal (Nobre et al., 2004), principalmente estudiada durante tareas con diferentes focos de atención y de imaginería motora, también es la misma.

En el estudio de van Duijn y colaboradores, se estudiaron dos formas diferentes de enseñar el pase de hockey hierba (van Duijn et al., 2019). La primera estrategia utilizaba un proceso de familiarización basado en seis reglas para el control del movimiento con un alto componente explícito. Por el contrario, la segunda, se sustentaba en la siguiente frase: *"Move the stick as if you are sloshing a bucket of water over the floor".*

Por medio de este tipo de instrucción los participantes no sobrecargaron su memoria de trabajo y no bloquearon la automatización durante la ejecución. Además, las respuestas afectivas obtenidas fueron buenas, relacionándose con la autoeficacia y motivación, aspectos a destacar en cualquier práctica deportiva por la huella positiva que deja en el participante (Lola & Tzetzis, 2020).

El uso de analogías ha sido estudiado principalmente para correcciones en la cinemática articular, pero con la condición de presentar un número de reglas más reducido que las estrategias de corrección explícitas (Lam et al., 2009b). También podemos ayudarnos de analogías para la enseñanza de ejercicio físico en la población con necesidades especiales, sobre todo en las etapas iniciales de formación. En este contexto, donde la función ejecutiva no tiene grandes recursos, podemos crear una frase que facilite el procesamiento de la instrucción de la persona. (ejemplo: *"llama con tu hombro a alguien que está justo detrás de ti")* (Figura 8).

Figura 8. Ejemplo de dos comportamientos durante el ejercicio remo.
https://www.youtube.com/watch?v=rcxTLxyh4NQ
https://youtu.be/XheKxhkwl4A

Esta frase puede ser usada para la mejora de la activación de la musculatura aductora de la escápula (romboide mayor y fibras medias del trapecio) durante el ejercicio de remo horizontal. Existen ejercicios donde se busca una correcta sinergia muscular durante la aproximación de la escápula a la columna (retracción de la escápula). Este objetivo se cumple en tareas para la mejora de la fuerza en esta musculatura y así aumentar la tolerancia a las cargas y exigencias de las AVD[12], especialmente en población con alteraciones neuromusculares (Sahrmann, 2006; Seitz et al., 2012; Thigpen et al., 2010) que dificultan el correcto control motor en el ritmo escapular. El uso del foco de atención por medio de analogías tiene sentido en diferentes contextos:

- En tareas donde no puedo acceder por medio de información visual, como la contracción del diafragma o de la musculatura del suelo pélvico. Aunque estemos recreando esa información de manera mental, y esta sea real, no podemos acceder a un

---

[12] Actividades de la vida diaria.

feedback de resultado visual, por lo que no sería posible el uso de un foco externo. (Figura 9).

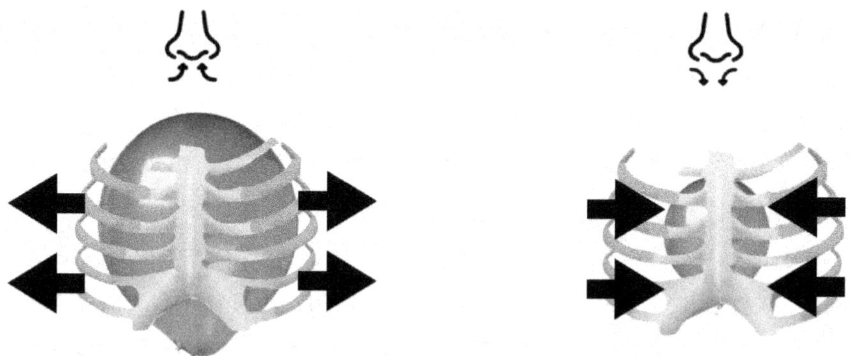

Figura 9. Analogía que trata de facilitar la recreación de la expansión y reducción de la parrilla costal durante la inspiración y espiración forzada.

- Cuando usamos elementos no reales para reunir un número alto de reglas podemos apoyarnos en el MI, por medio de analogías, para crear esa imagen mental, y con ello, beneficiarnos del uso de este foco de atención.

La otra estrategia que proponemos, en las denominadas como mixtas, es el foco holístico (FH). En movimientos no lineales o que se producen a alta velocidad (Chow et al., 2014; Vitali et al., 2019), como la gimnasia acrobática o durante los aterrizajes después de un salto, el uso del FE es difícil de implementar. Este foco estaría centrado en la percepción, o *"feeling"*, del movimiento (Becker et al., 2019). Durante los aterrizajes, decirle a la persona: *"aterriza suave"* estaría relacionado con el control cinemático, habiendo reducido al máximo el número de reglas aportadas. Dar información como *"Hazlo con clase, sin prisas"* tiene las mismas características para conseguir este control del movimiento, sin los efectos negativos de la instrucción explícita. En este caso no se desea que la intencionalidad de la persona sea la máxima producción de fuerza, buscando la mayor eficacia. Por el contrario, se desea que la persona sea capaz de buscar la máxima eficiencia, sin realizar cambios bruscos en aceleraciones y desaceleraciones de los segmentos corporales.

Un contexto donde podía ayudar esta instrucción es en habilidades que van a tener un volumen alto de repeticiones y que fruto de esta sumatoria de esfuerzos, la fatiga va a llegar temprano como puede ser los entrenamientos de tipo *cross*. Alguna programación, como el WOD *FRAN*[13], acumula un gran número de repeticiones en poco tiempo, donde la persona puede ser instruida con la frase anterior con la finalidad de mantener un ritmo a lo largo del tiempo que tarda en completar el entrenamiento.

> "A menudo, los entrenadores dificultan las expectativas, autonomía y el aprendizaje por medio de estrategias ineficientes, reduciendo la autoeficacia y las respuestas afectivas positivas. Además, consiguen un menor rendimiento en la tarea y una mayor percepción del esfuerzo. Estas son algunas de las consecuencias de entrenar sin plantear una buena metodología de enseñanza".

El principal impulso para el uso de un tipo de estrategia u otra va a ser el tipo de actividad, así como el nivel de pericia del ejecutante. Cabe destacar antes de cerrar este apartado, que personas con alto nivel de destreza en la tarea, el tipo de estrategia seleccionado puede ser intercambiado casi sin perturbar el rendimiento, ya que estas personas tienen la capacidad, gracias a su nivel de experiencia, de realizar la habilidad concreta casi sin ocupar espacio en la MT. La selección de un tipo de estrategia cobra especial sentido en:

- Aquellas personas novatas que pueden caer en el error de generar reglas que dificulten su aprendizaje.
- En personas con poca capacidad en la MT debido a patologías o contextos específicos como altos niveles de estrés.

---

[13] Entrenamiento donde la persona tiene que completar 21-15-9 repeticiones de los ejercicios *pull up* y *thruster* en el menor tiempo posible.

- Deportistas que están sometidos a niveles altos de estrés durante la competición, donde las estrategias explícitas tienen una mayor reducción del rendimiento en contextos de altos niveles de presión.
- Habilidades de alta complejidad, donde interactúan y se suceden movimientos de múltiples segmentos corporales. Sabemos que, por medio de la práctica, bajo una instrucción específica, podemos comenzar a desarrollar el aprendizaje de una habilidad sin tener la necesidad de entrenarla parcialmente o de reducir abruptamente la velocidad de ejecución.

4.4. Analogía sobre el movimiento y el aprendizaje motor.

El movimiento humano es como una obra de teatro[14]. El **director** (*cerebro*) tiene que cumplir que la **obra** (*movimiento*) se lleve a cabo (*show must go on*). En esta **obra** (*movimiento*), hay **actores especialistas** (*músculos*) que cumplen una determinada función, pero la actuación está funcionando 24 horas, todos los días. Esto hace que a veces los **actores principales** (*músculos*) no estén disponibles, pero como el **director** (*cerebro)* fue diseñado muy bien, tiene a otros **actores** (*músculos),* disponibles para trabajar. Cierto es, que no cumplen la función como los especialistas, pero ayudan, con menor destreza, a que la **obra** (*movimiento*) se lleve a cabo. Esto es posible por el fenómeno de redundancia motora (Li & Fey, 2022), ya que nuestro **director** (*cerebro*), es capaz de aprender y organizar diferentes formas de llevar a cabo la misma **obra** (*movimiento).*

Las instrucciones hacen que los *músculos* aprendan cada papel mucho más rápido y que en todos los *entrenamientos*, aun estando en las peores condiciones, el resultado del *movimiento* sea

---

[14] Lee esta parte las palabras poniendo atención cada vez las palabras en negrita o cursiva. Esto servirá de explicación para la relación entre el funcionamiento de una obra de teatro y nuestro sistema neuromuscular.

el que se esperaba. Si hubiera un **director** *cerebro* en condiciones inadecuadas, dando malas **instrucciones** en los **ensayos** (*entrenamiento*), el resultado del *movimiento* será insuficiente o no aprenderán a actuar de manera óptima, mucho más lento. En unas condiciones de trabajo caóticas, un *cerebro* que no tiene la capacidad adecuada o está saturado por estar ocupado en 20 cosas hará que el *movimiento* no sea posible llevarse a cabo de manera optimizada, ya que ninguno de los elementos que intervienen son capaces de procesar la información, siendo el resultado que el *movimiento* resulte mucho peor que lo planificado (*programación motora*).

En cambio, cuando el *cerebro* tiene unas condiciones de trabajo óptimas con un número correcto de reglas, y sin estar sometido a estrés, la información que ordena hacia el *músculo* por medio de la instrucción correspondiente será la adecuada y podrá hacer su trabajo con precisión, siendo capaz de mantener una excelente calidad de ejecución a pesar de estar fatigado o estresado como consecuencia de la realización de una actividad exigente.

A grandes rasgos, esto explicaría el fenómeno de la coordinación y con ello, los primeros pasos para el aprendizaje.

Bibliografía:

Aghdaei, M., Farsi, A., Khalaji, M., & Porter, J. (2021). The Effects of an Associative, Dissociative, Internal, and External Focus of Attention on Running Economy. *Journal of motor learning and development*, *9*(3), 483-495. Https://doi.org/10.1123/jmld.2020-0067

Baddeley, A. D. (1966). The capacity for generating information by randomization. *The Quarterly Journal of Experimental Psychology*, *18*(2), 119-129. https://doi.org/10.1080/14640746608400019

Becker, K. A., Georges, A. F., & Aiken, C. A. (2019). Considering a Holistic Focus of Attention as an Alternative to an External Focus. *Journal of Motor Learning & Development*, *7*(2), 1-10. https://search.ebscohost.com/login.aspx?direct=true&AuthType=ip,uid,shib&db=s3h&AN=137666142&site=ehost-live&scope=site

Beilock, S. L., Carr, T. H., MacMahon, C., & Starkes, J. L. (2002). When paying attention becomes counterproductive: Impact of divided versus skill-focused attention on novice and experienced performance of sensorimotor skills. *Journal of Experimental Psychology: Applied*, *8*(1), 6-16. https://doi.org/10.1037/1076-898X.8.1.6

Bird, J. M., Karageorghis, C. I., Baker, S. J., & Brookes, D. A. (2019). Effects of music, video, and 360-degree video on cycle ergometer exercise at the ventilatory threshold. *Scandinavian Journal of Medicine & Science in Sports*, *29*(8), 1161-1173. https://doi.org/10.1111/sms.13453

Brick, N., MacIntyre, T., & Campbell, M. (2014). Attentional focus in endurance activity: new paradigms and future directions. *International review of sport and exercise psychology*, *7*(1), 106-134. https://doi.org/10.1080/1750984X.2014.885554

Brunet, J., & Sabiston, C. M. (2011). Exploring motivation for physical activity across the adult lifespan. *Psychology of Sport and Exercise*, *12*(2), 99-105. https://doi.org/10.1016/j.psychsport.2010.09.006

Chatzopoulos, D., Foka, E., Doganis, G., Lykesas, G., & Nikodelis, T. (2020). Effects of analogy learning on locomotor skills and balance of preschool children. *Early Child Development and Care*. https://doi.org/http://dx.doi.org/10.1080/03004430.2020.1739029

Chiviacowsky, S., Wulf, G., & Avila, L. T. G. (2013). An external focus of attention enhances motor learning in children with intellectual disabilities. *Journal of Intellectual Disability Research : JIDR*, *57*(7), 627-634. https://doi.org/10.1111/j.1365-2788.2012.01569.x

Chow, J. Y., Woo, M. T., & Koh, M. (2014). Effects of External and Internal Attention Focus Training on Foot-Strike Patterns in Running. *International Journal of Sports Science & Coaching*, *9*(2), 307-320. http://search.ebscohost.com/login.aspx?direct=true&AuthType=ip,uid,shib&db=s3h&AN=95890823&site=ehost-live&scope=site

Connolly, C. T., & Tenenbaum, G. (2010). Exertion-attention-flow linkage under different workloads. *Journal of Applied Social Psychology*, *40*(5), 1123-1145. https://doi.org/http://dx.doi.org/10.1111/j.1559-1816.2010.00613.x

Cox, A. E., Ullrich-French, S., Hargreaves, E. A., & McMahon, A. K. (2020). The effects of mindfulness and music on affective responses to self-paced treadmill walking. En *Sport, Exercise, and Performance Psychology* (Vol. 9, Número 4, pp. 571-584). Educational Publishing Foundation. https://doi.org/10.1037/spy0000192

de Preester, H., & Tsakiris, M. (2009). Body-extension versus body-incorporation: Is there a need for a body-model? *Phenomenology and the Cognitive Sciences*, *8*(3), 307-319. https://doi.org/10.1007/s11097-009-9121-y

Dreyfus, S. E. (2004). The five-stage model of adult skill acquisition. *Bulletin of Science Technology & Society*, *24(3)*, 177. https://doi.org/10.1177/0270467604264992

Ducharme, S. W., & Wu, W. F. W. (2014). An external focus of attention improves stability after a perturbation during a dynamic balance task. *Journal Of Sport & Exercise Psychology*, *36*, S28-S28.

Duncan, J. & Owen A. (2000). Common regions of the human frontal lobe recruited by diverse cognitive demands. *Trends Neurosci. 23:475–83.*

Ekkekakis, P. (2003). Pleasure and displeasure from the body: Perspectives from exercise. *Cognition and Emotion*, *17*(2), 213-239. https://doi.org/10.1080/02699930302292

Golomer, E., Bouillette, A., Mertz, C., & Keller, J. (2008). Effects of mental imagery styles on shoulder and hip rotations during preparation of pirouettes. *Journal of Motor Behavior*, *40*(4), 281-290. https://doi.org/10.3200/JMBR.40.4.281-290

Gose, R., & Abraham, A. (2021). Looking beyond the binary: an extended paradigm for focus of attention in human motor performance. *Experimental Brain Research*, *239*(6), 1687-1699. https://doi.org/10.1007/s00221-021-06126-4

Gracely, R. H., Geisser, M. E., Giesecke, T., Grant, M. A. B., Petzke, F., Williams, D. A., & Clauw, D. J. (2004). Pain catastrophizing and neural responses to pain among persons with fibromyalgia. *Brain : A Journal of Neurology*, *127*(Pt 4), 835-843. https://doi.org/10.1093/brain/awh098

Hutchinson, J. C., & Tenenbaum, G. (2007). Attention focus during physical effort: The mediating role of task intensity. *Psychology of Sport and Exercise*, *8*(2), 233-245. https://doi.org/10.1016/j.psychsport.2006.03.006

Jones, L., Karageorghis, C. I., & Ekkekakis, P. (2014). Can High-Intensity Exercise Be More Pleasant? Attentional Dissociation Using Music and Video (vol 36, pg 528, 2014). *Journal of sport \& exercise psychology, 36*(5), 528-541. Https://doi.org/10.1123/sep.2017-0208

Kearney, P. E. (2015). A distal focus of attention leads to superior performance on a golf putting task. *International Journal of Sport and Exercise Psychology, 13*(4), 371-381. https://doi.org/http://dx.doi.org/10.1080/1612197X.2014.993682

Lam, W. K., Maxwell, J. P., & Masters, R. (2009a). Analogy learning and the performance of motor skills under pressure. *Journal of Sport & Exercise Psychology, 31*(3), 337-357. https://doi.org/10.1123/jsep.31.3.337

Lam, W. K., Maxwell, J. P., & Masters, R. S. W. (2009b). Analogy versus explicit learning of a modified basketball shooting task: Performance and kinematic outcomes. *Journal of Sports Sciences, 27*(2), 179-191. https://doi.org/10.1080/02640410802448764

Lam, W. K., Maxwell, J. P., & Masters, R. S. W. (2009c). Analogy versus explicit learning of a modified basketball shooting task: Performance and kinematic outcomes. *Journal of Sports Sciences, 27*(2), 179-191. https://doi.org/http://dx.doi.org/10.1080/02640410802448764

Li, W., & Fey, N. P. (2022). Relating Underlying Performance Objectives of Overground Walking to Observable Walking Mechanics using Predictive Musculoskeletal Simulations. *IEEE ... International Conference on Rehabilitation Robotics : [Proceedings], 2022*, 1-6. https://doi.org/10.1109/ICORR55369.2022.9896553

Liao, C. M., & Masters, R. S. W. (2001). Analogy learning: A means to implicit motor learning. *Journal of Sports Sciences, 19*(5), 307-319. https://doi.org/10.1080/02640410152006081

Lohse, K., Jones, M. C., Healy, A. F., & Sherwood, D. E. (2011). Attention as a control parameter in the regulation of human movement. *Journal of sport \& exercise psychology, 33*(S), S89.

Lohse, K. R., & Sherwood, D. E. (2011). Defining the focus of attention: effects of attention on perceived exertion and fatigue. *Frontiers in psychology, 2*. https://doi.org/10.3389/fpsyg.2011.00332

Lola, A. C., & Tzetzis, G. (2020). Analogy versus explicit and implicit learning of a volleyball skill for novices: The effect on motor performance and self-efficacy. *Journal of Physical Education & Sport, 20*(5), 2478-2486. http://search.ebscohost.com/login.aspx?direct=true&AuthType=ip,uid,s hib&db=s3h&AN=146859919&site=ehost-live&scope=site

Maravita, A., Spence, C., Kennett, S., & Driver, J. (2002). Tool-use changes multimodal spatial interactions between vision and touch in normal humans. *Cognition*, *83*(2), B25-34. https://doi.org/10.1016/s0010-0277(02)00003-3

Marchant, D. C., Greig, M., & Scott, C. (2009). Attentional focusing instructions influence force production and muscular activity during isokinetic elbow flexions. *Journal of strength and conditioning research*, *23*(8), 2358-2366. https://doi.org/10.1519/JSC.0b013e3181b8d1e5

Marchant, D., Greig, M., & Scott, C. (2008). Attentional Focusing Strategies Influence Muscle Activity During Isokinetic Biceps Curls. *Athletic Insight*, *10*(2), 2. https://search.ebscohost.com/login.aspx?direct=true&AuthType=ip,uid, shib&db=s3h&AN=32872481&site=ehost-live&scope=site

Masters, R. S. W. (2000). Theoretical aspects of implicit learning in sport. *International Journal of Sport Psychology*, *31*(4), 530-541. https://www.proquest.com/scholarly-journals/theoretical-aspects-implicit-learning-sport/docview/619668605/se-2?accountid=14695

Maurer, H., & Munzert, J. (2013a). Influence of attentional focus on skilled motor performance: Performance decrement under unfamiliar focus conditions. *Human Movement Science*, *32 (2013)*. https://doi.org/http://dx.doi.org/10.1016/j.humov.2013.02.001

Morgan, W. P., & Pollock, M. L. (1977). Psychologic characterization of the elite distance runner. *Annals of the New York Academy of Sciences, 301(1), 38*. https://doi.org/https://doi.org/ 10.1111/j.1749-6632.1977.tb38215.x

Nagano, K., Hata, M., & Nagano, Y. (2020). Effects of an external foci of attention at different distances on standing long jump in non-athletes. *Journal of Physical Therapy Science*, *32*(8), 524-528. https://doi.org/10.1589/jpts.32.524

Neumann, D. L., & Heng, S. (2011). The Effect of Associative and Dissociative Attentional Focus Strategies on Muscle Activity and Heart Rate During a Weight Training Exercise. *Journal of psychophysiology*, *25*(1), 1-8. https://doi.org/10.1027/0269-8803/a000011

Nobre, A. C., Coull, J. T., Maquet, P., Frith, C. D., Vandenberghe, R., & Mesulam, M. M. (2004). Orienting attention to locations in perceptual versus mental representations. *Journal of Cognitive Neuroscience*, *16*(3), 363-373. https://doi.org/10.1162/089892904322926700

Poldrack, R. A., Sabb, F. W., Foerde, K., Tom, S. M., Asarnow, R. F., Bookheimer, S. Y., & Knowlton, B. J. (2005). The neural correlates of motor skill automaticity. *Journal of Neuroscience*, *25*(22), 5356-5364. https://doi.org/10.1523/JNEUROSCI.3880-04.2005

Porter, J. M., Anton, P. M., & Wu, W. F. W. (2012). Increasing the distance of an external focus of attention enhances standing long jump performance. *Journal of Strength and Conditioning Research*, *26*(9), 2389-2393. https://doi.org/10.1519/JSC.0b013e31823f275c

Porter, J. M., Wulf, G., Nolan, R., & Ostrowski, E. (2010). Instructions that promote an external focus of attention benefit agility performance. *Journal of sport \& exercise psychology*, *32*(s), s119-s120.

Ryan, R. M., & Deci, E. L. (2020). Intrinsic and extrinsic motivation from a self-determination theory perspective: Definitions, theory, practices, and future directions. *Contemporary educational psychology*, *61*. https://doi.org/10.1016/j.cedpsych.2020.101860

Sahrmann, s. A. (2006). Diagnóstico y tratamiento de las alteraciones de movimiento. Paidotribo.

Schmitt, Y. S., Hoffman, H. G., Blough, D. K., Patterson, D. R., Jensen, M. P., Soltani, M., Carrougher, G. J., Nakamura, D., & Sharar, S. R. (2011). A randomized, controlled trial of immersive virtual reality analgesia, during physical therapy for pediatric burns. *Burns : Journal of the International Society for Burn Injuries*, *37*(1), 61-68. https://doi.org/10.1016/j.burns.2010.07.007

Schoenfeld, B. J., Vigotsky, A., Contreras, B., Golden, S., Alto, A., Larson, R., & Winkelman Nick and Paoli, A. (2018). Differential effects of attentional focus strategies during long-term resistance *training. European journal of sport science,* *18(5),* *705-712.* https://doi.org/10.1080/17461391.2018.1447020

Schücker, L., Schmeing, L., & Hagemann, N. (2016). "Look around while running!" Attentional focus effects in inexperienced runners. *Psychology of Sport and Exercise,* *27,* 205-212. https://doi.org/10.1016/j.psychsport.2016.08.013

Seitz, A. L., McClure, P. W., Lynch, S. S., Ketchum, J. M., & Michener, L. A. (2012). Effects of scapular dyskinesis and scapular assistance test on subacromial space during static arm elevation. *Journal of Shoulder and Elbow Surgery, 21*(5), 631-640. https://doi.org/10.1016/j.jse.2011.01.008

Seminowicz, D. A., & Moayedi, M. (2017). The Dorsolateral Prefrontal Cortex in Acute and Chronic Pain. *The Journal of Pain, 18*(9), 1027-1035. https://doi.org/10.1016/j.jpain.2017.03.008

Terry, P. C., Karageorghis, C. I., Saha, A. M., & D'Auria, S. (2012). Effects of synchronous music on treadmill running among elite triathletes. *J Sci Med Sport, Jan;15(1):* https://doi.org/10.1016/j.jsams.2011.06.003

Thigpen, C. A., Padua, D. A., Michener, L. A., Guskiewicz, K., Giuliani, C., Keener, J. D., & Stergiou, N. (2010). Head and shoulder posture affect scapular mechanics and muscle activity in overhead tasks. *Journal of Electromyography and Kinesiology: Official Journal of the International Society of Electrophysiological Kinesiology,* 20(4), 701-709. https://doi.org/10.1016/j.jelekin.2009.12.003

Tse, A. C. Y., Fong, S. S. M., Wong, T. W. L., & Masters, R. (2017). Analogy motor learning by young children: a study of rope skipping. *European Journal of Sport Science,* 17(2), 152-159. https://doi.org/10.1080/17461391.2016.1214184

Tse, A. C. Y., Wong, A. W.-K., Ma, E. P.-M., Whitehill, T. L., & Masters, R. S. W. (2013). Influence of Analogy Instruction for Pitch Variation on Perceptual Ratings of Other Speech Parameters. *Journal of speech language and hearing research,* 56(3), 906-912. https://doi.org/10.1044/1092-4388(2012/12-0051)

van Duijn, T., Hoskens, M. C. J., & Masters, R. S. W. (2019). Analogy Instructions Promote Efficiency of Cognitive Processes During Hockey Push-Pass Performance. *Sport exercise and performance psychology, 8(1, SI), 7-20.* https://doi.org/10.1037/spy0000142

Vance, J., Wulf, G., Töllner, T., McNevin, N., & Mercer, J. (2004). EMG Activity as a Function of the Performer's Focus of Attention. *Journal of Motor Behavior,* 36(4), 450-459. http://search.ebscohost.com/login.aspx?direct=true&AuthType=ip,uid,shib&db=s3h&AN=15012516&site=ehost-live&scope=site

Vitali, F., Tarperi, C., Cristini, J., Rinaldi, A., Zelli, A., Lucidi, F., Schena, F., Bortoli, L., & Robazza, C. (2019). Action monitoring through external or internal focus of attention does not impair endurance performance. *Frontiers in Psychology,* 10, 10. https://doi.org/http://dx.doi.org/10.3389/fpsyg.2019.00535

Wulf, G. (2008). Attentional focus effects in balance acrobats. *Research quarterly for exercise and sport,* 79(3), 319-325.

Wulf, G., Höß, M., & Prinz, W. (1998). Instructions for motor learning: Differential effects of internal versus external focus of attention. *Journal of Motor Behavior,* 30(2), 169-179. https://doi.org/http://dx.doi.org/10.1080/00222899809601334

Wulf, G., Lauterbach, B., & Toole, T. (1999). The learning advantages of an external focus of attention in golf. *Research quarterly for exercise and sport, 70*(2), 120-126. https://doi.org/10.1080/02701367.1999.10608029

Wulf, G., & Lewthwaite, R. (2016b). Optimizing performance through intrinsic motivation and attention for learning: The OPTIMAL theory of motor learning. *Psychonomic Bulletin & Review, 23*(5), 1382-1414. https://doi.org/10.3758/s13423-015-0999-9

Zeniya, H., & Tanaka, H. (2021). Effects of different types of analogy instruction on the performance and inter-joint coordination of novice darts learners. *Psychology of sport and exercise, 57.* https://doi.org/10.1016/j.psychsport.2021.102053

Zhang, D., & Raichle, M. E. (2010). Disease and the brain's dark energy. *Nature Reviews. Neurology, 6*(1), 15-28. https://doi.org/10.1038/nrneurol.2009.198

Bloque III

PRÁCTICA EN LA ENSEÑANZA EN EL EJERCICIO FÍSICO

Programación del entrenamiento 2.0: influencias del *constraint led approach* y de la teoría de los sistemas dinámicos complejos para el diseño de tareas.

Ángel Carnero-Díaz.
Marzo Edir Da Silva-Grigoletto.

Estamos inmersos en una revolución tecnológica a la que no es ajena la industria del fitness y el entrenamiento deportivo. Hace años sería impensable que tuviéramos un grupo de alumnos o compañeros a 6000 kilómetros de distancia trabajando en tiempo real como ha ocurrido durante la creación de este libro. Ahora, la gente desde su casa con un simple teléfono móvil puede estar en una clase de entrenamiento de fuerza con una persona situada en Brasil, otros en Sevilla y otra en Barcelona. Incluso con el auge de la realidad virtual y la inteligencia artificial, nuestros entrenadores pueden utilizar *softwares* con un avatar, de apariencia casi real, que nos corrige la ejecución técnica con una precisión milimétrica. Ante esto cabe pensar... ¿Entonces cuál va a ser el futuro papel del entrenador tradicional que programa las cargas y las expone al principio de la clase? ¿Tenemos una forma de trabajar que nos diferencie por el momento de estas máquinas que vienen para transformar los centros de entrenamiento? La respuesta para nosotros es clara, rotundamente **SÍ**. A diferencia de la programación del entrenamiento tradicional, que ya cualquier centro de entrenamiento a través de un simple cuestionario puede expedir una programación basada en tu perfil y tus objetivos, todavía no está muy extendido ni optimizado el uso de programas que permitan elaborar una estrategia de enseñanza individualizada, monitorizar la ejecución de una habilidad y valorar cuando dar un feedback y alentar de manera empática hacia la práctica de ejercicio.

Por ello, vamos a desarrollar en este capítulo una estrategia basada en una metodología común, propuestas de instrucción y feedback, que sirvan de apoyo, para la creación de estructuras propias para cualquier entrenador, sea cual sea su ámbito de trabajo. De forma específica, nos gustaría que este capítulo no sirviera para copiar modelos y tener truquillos, si no que pueda servir de inspiración para que el entrenador que lea este libro, apoyado en todas las evidencias anteriormente descritas, tenga la capacidad de elaborar estrategias propias centradas en las características específicas de cada persona y en un modelo cuya evolución sea dinámica. Además del contenido escrito, todas las tareas irán acompañadas de soporte digital para poder ampliar la información propuesta.

Como hemos podido ver, no existe una instrucción única para todas las tareas. Con el fin de acotar la información y dotar de herramientas prácticas al lector, en esta parte final del libro, dividiremos las tareas por categorías donde podemos usar nuestra propia estrategia de enseñanza, y las analizaremos para definir ejemplos en la creación de instrucciones.

Existen numerosas propuestas para categorizar las tareas motoras. Así, la propuesta de Singer de finales del pasado siglo (Singer, 1986), nos parece especialmente interesante para conceptualizar esta parte del libro. Este autor clasificó las tareas en externas o autorreguladas, las cuales estaban sustentadas en el grado de incertidumbre y la dependencia del procesamiento de la información ante estos entornos diferentes que tenía la tarea. La evidencia en las tareas de regulación externa (como son los deportes de equipo) es pobre en este campo, debido a la imposibilidad de regular de manera parecida en laboratorio las acciones deportivas que se dan en la práctica, por lo que, conociendo la importancia de la influencia del entorno en la propia tarea, se hace muy difícil, por no decir imposible, replicar las condiciones de la práctica deportiva de manera veraz en condiciones experimentales, más allá del análisis observacional. Simplemente, como anécdota, existen algunas situaciones simuladas que se han llevado a cabo como es el caso del remate de voleibol, donde las conclusiones fueron favorables a la focalización interna (Raab & Haug, 2000) difiriendo con gran parte de la literatura presentada. Por ello, esta parcela de tareas, no van a estar ampliamente estudiada en este trabajo. Las tareas puestas bajo la lupa en este libro han sido principalmente aquellas con características cerradas y autorreguladas donde el entorno es determinado y lejos de la toma de decisiones, ya que son las que nos encontramos de manera cotidiana en los centros donde se realiza ejercicio físico. Estas, a su vez, las vamos a dividir según sus características (individual, grupal, *on line*...) y objetivos, principal eje, donde girarán las propuestas. Las instrucciones deben estar estrechamente relacionadas con el resultado del movimiento, por lo que, si deseamos centrarnos en el proceso de la tarea, o conseguir un efecto o resultado, una misma actividad puede tener instrucciones completamente contrarias, como detallaremos a continuación.

En esta área de trabajo, no hay lugar para las afirmaciones absolutas, ni a propuestas mejores que otras de manera absoluta. En el "arte de enseñar", existe un cuerpo de conocimiento en el que el profesional se apoya para elaborar estrategias personales y únicas en cada contexto que se enfrente en la práctica laboral.

Esto no son matemáticas que podemos determinar cuál es el resultado de una operación. Por lo que debemos monitorizar el proceso para asegurar los resultados esperados. Si estamos consiguiendo una mejora por encima de lo realizado anteriormente... ¡Enhorabuena! Pero siempre piensa... ¿Podría haberlo hecho mejor? El objetivo principal es conseguir la mejoría en el proceso acelerando el aprendizaje mientras tratamos de conseguir la mejor instrucción posible que permita una retención mejor para las prácticas futuras. Sobre los puntos comunes que vamos a presentar a continuación, podremos elaborar nuestra estrategia de enseñanza:

- El número de reglas presentado será siempre el menor posible (1 ó 2 por instrucción).

- Presentaremos siempre una intención y objetivo, pudiendo estar enfocado en el proceso o en el resultado.

- El rendimiento en la tarea será monitorizado permitiendo flexibilidad[15] mientras que se sucede la relación entre la persona y su entorno durante una tarea.

- Las tareas tendrán un desarrollo dinámico a lo largo del tiempo, modificando la instrucción basada en el nivel de maestría.

- Un proceso natural podría ser el siguiente: cuando consigamos un nivel de aprendizaje considerado como suficiente, podremos pasar del uso del foco externo a la analogía, y no ser dependientes siempre de la creación de un entorno alrededor de la ejecución. De esta manera agilizaremos el proceso de entrenamiento en tiempo y recursos.

- La instrucción, el feedback y la visualización deben estar presentes en cada tarea, siempre y cuando sea posible.

- El instructor debe hacer hincapié en el seguimiento de la información, sobre todo en etapas iniciales.

---

[15] Entendida como el rango permitido en busca del objetivo de la tarea.

5.1. Influencias para el diseño de tareas: Teoría sistemas dinámicos y constraints led approach.

Durante la lectura, hemos ido destapando algunas de las piezas más importantes en la metodología que vamos a proponer, así como referencias que apoyan su uso. El objetivo de este apartado es profundizar en la relación entre la teoría y práctica o ciencia y arte de las estrategias de enseñanza (Figura 1).

Figura 1. Uniendo teoría (ciencia) y práctica (arte). Creación propia.

Claramente, los autores están altamente influenciados por los trabajos que se apoyan en la pedagogía no lineal (Correia et al., 2019) y el *constraint led approach* (Renshaw et al., 2019) como constructo de base, por tanto los trabajos que se detallan a continuación son obras que usan estas corrientes de pensamiento para crear las metodologías de trabajo, así como sus propuestas prácticas. Hemos hablado largo y tendido sobre las propuestas verbales que hacen mención la mayoría de los trabajos de la obra, pero conocemos que no es necesario verbalización alguna para poder incidir en el comportamiento de la persona.

Una estrategia de enseñanza puede estar basada en la creación de un entorno alrededor de la persona que ejecuta, que por medio de *constraints*, orienta la atención, de una manera eficiente, hacia la información relevante en el entorno, aumentando la posibilidad de captar la información que en teoría hará que la persona tenga un rendimiento y aprendizaje en la tarea. Esta información aumentada en el contexto (Renshaw et al., 2010), altera la relación entorno-organismo (Figura 2), que da lugar al comportamiento motor (Balagué et al., 2019). Si esta estrategia de enseñanza está alineada con los posicionamientos científicos que veremos a continuación, parece más probable que consiga un comportamiento motor óptimo por encima de usar otras estrategias que pueden incluso disminuir la calidad del resultado final.

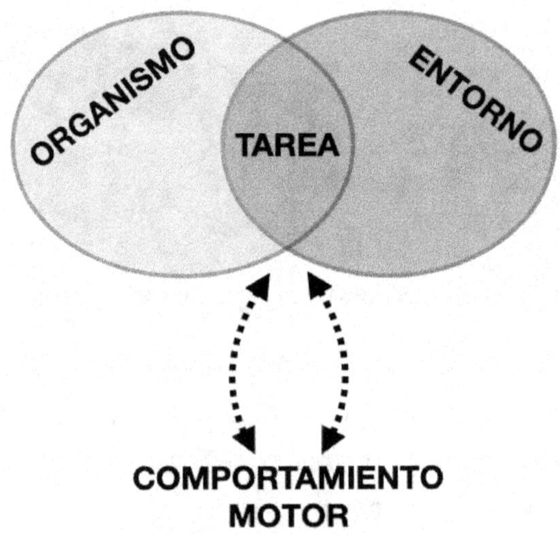

Figura 2. Relación entorno-organismo que da lugar a las tareas.
Fuente: Adaptado de Balagué (2019) Sports medicine - open, 5(1), 6.

Otro trabajo en la línea mencionada anteriormente, titulado *On the relatedness and Nestedness of Constraints* (Balagué et al., 2019) del grupo de investigación en sistemas dinámicos complejo del INEFC dirigido por la profesora Natalia Balagué Serre, nos ayuda a entender el proceso de trabajar con una persona, mucho más allá de los sesenta minutos que suele durar una sesión con un profesional. Este trabajo facilita la comprensión de la relación y el anidamiento de los constreñimientos[16] que dan lugar a un comportamiento determinado, como puede ser el hecho de decidir si hacer ejercicio físico o no. Estos constreñimientos están relacionados a través de la causalidad circular[17]. Nuestra conclusión a raíz de la lectura de este trabajo es que nuestra interacción con la persona puede ser entendida como un constreñimiento, y que este puede actuar en diferentes escalas temporales, tanto en el corto como el largo plazo. Por tanto, como profesionales, no solo tenemos la posibilidad de actuar en la propia sesión (escala temporal menor) provocando cambios en la coordinación neuromuscular, por medio de las tareas diseñadas.

También podemos generar cambios en el sistema de valores o miedos de la persona (Figura 3) (escala temporal mayor). Podemos ilustrar este constructo con un par de ejemplos sobre causalidad circular: *"Una persona realizando ejercicio físico (corto plazo) para la mejora de su calidad de vida, tiene un accidente haciendo un ejercicio y esto le supone que a pesar de tener un objetivo claro (medio plazo) deje de practicar sus sesiones de entrenamiento por miedo de hacerse daño (largo plazo)"*

"A través de una buena entrevista inicial, un profesional consigue eliminar una creencia negativa como que el entrenamiento de fuerza no solo no es peligroso, si no que ayuda a frenar la osteoporosis, así como mejora el equilibrio. Esto minimiza el riesgo de caídas, y por tanto posibles fracturas en una persona mayor. Este cambio en una escala temporal forjada a lo largo del tiempo puede tener una influencia directa y que, por tanto, la persona comience a realizar ejercicio, provocando cambios en la escala temporal menor como es la mejora en la percepción"

Con éstos ejemplos relacionados con la práctica diaria de cualquier profesional, pretendemos alentar a que vean la relación

---

[16] elemento que dirige el comportamiento de otro en una determinada dirección.

[17] Fenómenos que explica la relación entre los elementos que componen la una macroestructura. Explica que las estructuras influyen a las demás, a la vez que son influidas por estas. Es un tipo de retroalimentación que va desde lo microscópico a lo macroscópico, y viceversa, de forma que cada constreñimiento adopta un comportamiento que influencia a los demás.

profesional-alumno[18] como un número infinito de posibilidades de actuar como constreñimiento hacia la mejora de la persona y modular positivamente, por ejemplo, la adherencia al ejercicio. Si la persona no llega a plantearse ni siquiera que va a hacer ejercicio, todo lo que hemos narrado servirá de poco.

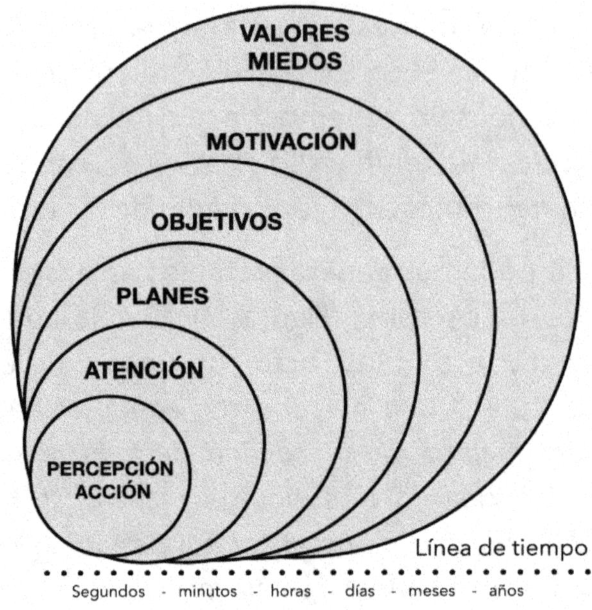

Figura 3. Tabla anidada que muestra la relación circular entre las diferentes escalas temporales y como pueden influir las unas en las otras, sin importar su magnitud.
Fuente: Adaptado de Balagué (2019) Sports medicine - open, 5(1), 6.

El capítulo *"Ecological dynamics and motor learning design in sport"* (Davids et al., 2012) es una auténtica maravilla que explica con detalle la importancia diseño ecológico[19] de tareas, al que llamaremos en nuestra metodología *"diseño de tareas representativo"* basado en la definición de los autores. Principalmente está enfocado en el diseño de tareas en deportes, aunque podemos extrapolar los contenidos que resaltamos a continuación:

---

[18] Se recomienda también la lectura "An enactive approach to pain: beyond the biopsychosocial model"
[19] Diseño que tiene al entorno como actor dentro de la propia tarea, interactuando con la persona.

- La relación entre el organismo y el entorno es trascendental en el diseño de tareas para facilitar el aprendizaje. Además, ponen en valor también la especificidad del ciclo percepción-acción (de esto hablamos en el procesamiento central y la importancia de apoyarnos en los procesos implícitos).

- El entorno, que actúa como constreñimiento, debe permitir flexibilidad a lo largo de los grados de libertad, durante la búsqueda de soluciones, para conseguir el objetivo través de la práctica, lejos de la dicotomía acierto-error. Con el paso del tiempo, se irán estabilizando las mejores soluciones, afinando la ejecución motora (Figura 4). Cabe destacar que la influencia de los constreñimientos va cambiando a lo largo del aprendizaje, pasando a perder importancia los factores estructurales o anatómicos como la distancia de los segmentos, hacia la funcionalidad de la tarea o ciclo percepción-acción específico, si la persona se adapta a ella con solvencia.

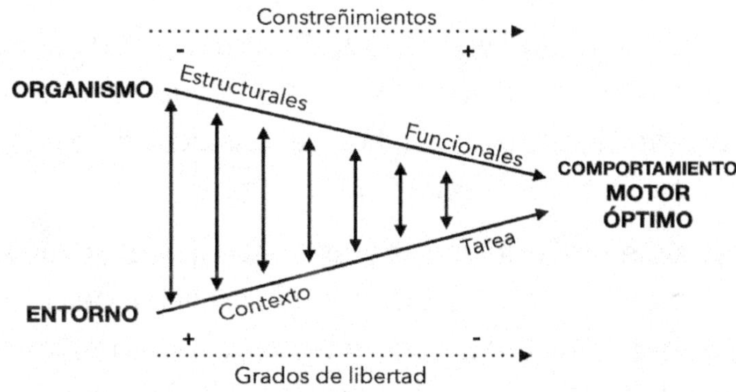

Figura 4. Dinámica de la presentación de constreñimientos a lo largo del desarrollo de una habilidad. Fuente: Adaptado de Davids (2012) En libro: Skill Acquisition in Sport: Research, Theory & Practice.

"Un niño que da un salto abrupto en la longitud de sus segmentos, debe aprender a coordinarse de nuevo ante esta nueva situación. Por ello, los elementos estructurales pasan a ser un constreñimiento importante.
Tras un tiempo de práctica deliberada, con su correspondiente mejora

de la coordinación, los constreñimientos que modulan el comportamiento motor son más propios de la funcionalidad de la tarea".

Es por ello, que las tareas tienen un carácter dinámico, que evolucionan con el aprendizaje de la persona de manera flexible.

- Esta flexibilidad o variabilidad en el comportamiento motor, nos aleja de la dicotomía entre mala o buena, y nos acerca a permitir unos grados de libertad funcionales o "ancho de banda" (será explicado durante este capítulo). Cuando se diseña una tarea basada en un objetivo, las instrucciones que limiten el comportamiento de manera masiva, no permitirán ni la flexibilidad ni los comportamientos creativos, por ello las estrategias mixtas e implícitas son promovidas en nuestra metodología.

- Mencionan la importancia de educar en la intención desde las primeras etapas aprendizaje (Jacobs & Michaels, 2007), alejándonos de la mera repetición. Por tanto, no podemos simplemente programar "3 series de 10 sentadillas". Debemos plantear un objetivo claro en la tarea, ya que esto cambia toda la información disponible en el entorno para la percepción, en información clave, específica para el desarrollo de la ejecución y así promover el feedback de resultado.

- Si el objetivo principal es el aprendizaje de una habilidad, el diseño de la tarea debe permitir la creación de comportamientos creativos. Esto puede entenderse como un estado de equilibrio entre lo aprendido y la sensibilidad a los comportamientos nuevos que son resultado del propio diseño.

Un elemento común en diversos artículos (Lam et al., 2009b; Liao & Masters, 2001; van Duijn et al., 2019) es que el número de reglas y el tipo de estas tiene una influencia directa en el aprendizaje y sus manifestaciones: el conocimiento declarativo, el rendimiento bajo estrés, la retención o la carga mental. Cuanto menor sea el número de reglas, más favorecemos la práctica y sus adaptaciones. En cuanto al tipo de instrucción, quizás la revisión más extensa, y enfocada en diferentes dimensiones sobre los beneficios de optimizar el foco de atención, es la de Gabriele Wulf y Rebecca Lewthwaite (Wulf & Lewthwaite, 2016a). Este trabajo hace un repaso de la importancia de la atención y de las respuestas afectivas (motivación) que están relacionadas con el proceso de enseñanza-aprendizaje en dimensiones como: la eficacia, la precisión, eficiencia, automatización del aprendizaje o cambios en la cinemática y la cinética. En él se destaca que estos conceptos (atención y motivación), actúan como motores de la optimización de las conexiones funcionales del cerebro durante las habilidades que son estudiadas. A raíz de esta vasta revisión, concluimos que debemos apoyarnos principalmente en la **focalización externa** durante la enseñanza de diferentes habilidades, siempre que esto sea posible, así como tener en cuenta los factores que promueven un aumento de la **motivación**. No se conoce aún a ciencia cierta si las mejoras provocadas por el foco externo son gracias a la mejora de la automaticidad (Hossener & Wenderoth, 2007), el fomento de la captación de información relevante (Magill, R. A. 1998), la reducción de la carga en la memoria de trabajo (Poolton et al., 2006), o la reducción de la conciencia a controlar el movimiento (Masters & Maxwell, 2004). Todas ellas son teorías que apoyan el uso de este tipo de focalización por encima de otros tipos, siempre y cuando este sea posible. Esto parece facilitar la práctica de ejercicio no solo en el corto plazo, sino que también incide en las decisiones de volver a repetirlo, una de las principales áreas de interés de este libro.

El buen uso del feedback, es otro de los pilares sobre los que se sostiene nuestra metodología. El feedback emerge como resultado de una acción, y tiene como objeto construir conocimiento y/o motivación en la realización de una tarea, ya sea como un refuerzo o como una corrección. Como consecuencia del aprendizaje derivado, se producirá una adaptación si este ha sido óptimo, provocando que, ante una situación similar, el organismo no sea dependiente de la retroalimentación del resultado de la acción, sino que use mecanismos predictivos, conocidos como feedforward.

El feedback puede ser dividido principalmente en dos grandes grupos. Por un lado, el feedback intrínseco a la tarea, y por el otro el feedback aumentado (Magill & Anderson, 2014). El primero de ellos nos permite captar la información a través de nuestros receptores, ya sea internos o externos, y su principal objetivo en el aprendizaje, podría ser que la persona capte la información por sí sola, sin ser dependiente de un feedback aumentado. Este puede ser entendido como un *autofeedback* y potenciará elementos como la autonomía y la motivación.

Es lógico pensar que aquellas personas con menor nivel de experiencia tienen menor capacidad para generar un feedback intrínseco adecuado de la tarea de manera autónoma, y que por ello, este podría ser un objetivo durante el aprendizaje. Por tanto, se precisa generar una notable adquisición de información de manera propia, sin ser dependiente del feedback de un profesional, para potenciar el proceso de aprendizaje. Este hecho sabemos que es poco probable en las primeras etapas del aprendizaje, sobre todo en estrategias que no se apoyan en el entorno, por tanto, la labor del profesional es tener la mejor estructura de enseñanza, para así potenciar el efecto de la tarea con su instrucción o feedback. Recordemos que facilitar el conocimiento de resultado modula favorablemente el aprendizaje (Chiviacowsky et al., 2009).

Podemos suplir esta carencia a través del feedback aumentado, el cual facilita la captación de información relevante a través de objetivo en el entorno. Existe una subdivisión dentro de este, donde el conocimiento de resultado permite conocer el desempeño en la tarea (has hecho bien 2 repeticiones de las 10 ejecutadas) y, por otro lado, el conocimiento de rendimiento nos informa sobre los aspectos que vamos a prestar atención, los cuales normalmente van orientados a lo que se ha fallado (estas repeticiones has fallado por ...) (Chu, 2017). Esta división no contempla el potencial que tiene el profesional como elemento del entorno tal y como mencionamos en la introducción del *constraints led approach.* No solo podemos intervenir en la ejecución motora a través de la palabra, si no que podemos introducir elementos en el entorno, acompañándolos o no de instrucción verbal, para dar un feedback aumentado al ejecutante, y así permitir ese ansiado *autofeedback* de resultado que tantas mejoras provoca en el aprendizaje (Figura 5).

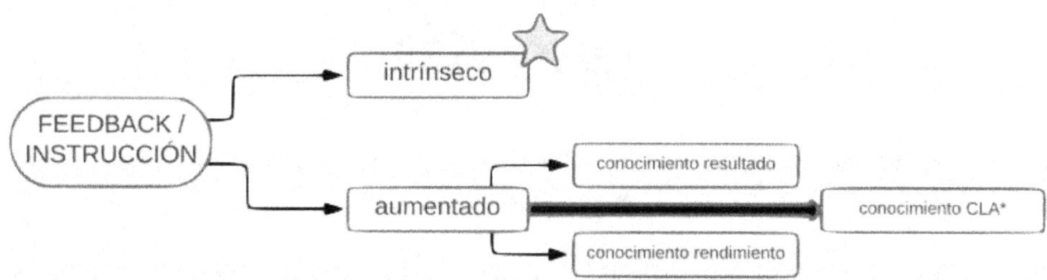

Figura 5. Visión esquemática sobre la relación entre la información aportada por un agente externo y la posibilidad de generar un autofeedback. Creación propia.

El argumento de la importancia de fomentar la autonomía durante el ejercicio recae en que es uno de los grandes problemas de los profesionales, ya que cuando no están presentes durante la práctica de ejercicio, la falta de seguridad es mayor. Sobre todo, en las etapas iniciales, la persona con poca experiencia precisa de la máxima seguridad en sus primeros pasos, por lo que durante la práctica debería estar acompañada de una instrucción que se la aporte, cosa poco probable, con estrategias de FI. Debemos tener en cuenta que en estas circunstancias la persona no puede conocer, por ejemplo, el grado de activación que está provocando. Sin embargo, la FE permite apoyarnos en el entorno como constreñimiento, para que este aporte información a modo de autoretroalimentación y la persona pueda corregir o continuar su práctica por sí misma.

Conforme la destreza aumente, se debe reducir la cantidad de feedback con el fin de favorecer la autonomía (Schmidt et al., 1990). A continuación, mostramos un ejemplo usando un espejo: *"Vas a saber que lo estás haciendo bien si se adelanta tu brazo en lugar de tu mano"* (Figura 6).

Figura 6. Vídeo ejercicio con objetivo de la activación del complejo rotador externo. https://youtu.be/xfbDK6eBiFo

Este ejemplo puede ser utilizado como constreñimiento para favorecer la retracción escapular en una persona durante una dominada y tratar de evitar una sobre solicitación de los elevadores de la escápula y las fibras superiores del trapecio. El profesional facilita una información aumentada generando un entorno en el que la persona puede, después de la instrucción, captar información por sí misma.

Ponemos la lupa en otro contexto, como el del ejercicio analítico en fase inicial. Este tipo de ejercicios está asociado normalmente con tareas propuestas por fisioterapeutas como coadyuvante a los tratamientos. En esta situación se requiere cierta precisión en la activación muscular, por lo que este feedback aumentado es de gran ayuda para facilitar el objetivo. Podemos apoyarnos en el entorno para ampliar la información visual captada por la persona, y así aportarle seguridad por medio del conocimiento de resultado (Figura 7).

Figura 7. Ejemplo de diseño de instrucción que permite un feedback intrínseco para la mejora de la activación del serrato. https://youtu.be/uOxoBU7Xw7A

La información que complementa una acción motora tiene diferentes elementos que la harán única y potenciarán o dividirán el efecto de la propia habilidad. A lo largo del libro hemos hablado sobre el contenido de la información, pero este artículo (Lun & Chu, 2018) nos ilustra sobre otros elementos que debemos considerar como el *timming*, frecuencia, signo, "ancho de banda" o la visualización para desarrollar nuestro modelo de enseñanza.

Según el orden temporal donde se aporte la información, esta tendrá el nombre de **instrucción (*cueing*)**, si la información es aportada de manera previa a la realización del ejercicio, o **feedback**, si esta información es aportada durante o después de la ejecución[20].

En cuanto al feedback, el autor rescata de la literatura la **división temporal** entre feedback concurrente (aportado a lo

---

[20] No se ha encontrado que el profesional deba aportar información con características diferentes según el orden temporal. Esto hace que la diferenciación en la nomenclatura sea anecdótica.

largo del movimiento) o feedback terminal (aportado al finalizar la ejecución motora) (Figura 8).

TIMING

TERMINAL   **CONCURRENTE**

- - - - - - -X   -X- X- X- X- X- X

Figura 8. Diferentes espacios temporales donde poder aportar un feedback extrínseco. Creación propia.

Las personas poco experimentadas, durante la ejecución motora no son capaces de dividir la atención de manera fluida, por lo que es preferible usar el feedback terminal si este es aportado con la intención de corregir. En cambio, las personas con un desarrollo avanzado y alto nivel de experiencia, pueden verse beneficiados del feedback concurrente en la corrección, ya que sus recursos cognitivos no están tan saturados como en las etapas iniciales gracias a la activación de las áreas subcorticales. Tanto novatos como avanzados pueden verse beneficiados del feedback concurrente, si este tiene una orientación positiva, alentando al ejecutante a continuar haciendo la acción de la misma forma.

"Intenta repetir esta última ejecución" "Lo estás haciendo genial"

El **signo** del feedback está representado por un modelo que utiliza como analogía una hamburguesa, cuyo principal elemento es el feedback orientado hacia el signo positivo. Se refiere a la importancia de orientar el feedback hacia aspectos positivos en lugar de aportar información orientada a aspectos negativos, por las respuestas emocionales que surgirán a raíz de la estrategia de corrección. El modelo de la hamburguesa nos recomienda comenzar la estrategia correctiva tras la ejecución con unas palabras de aliento por el esfuerzo (Figura 9).

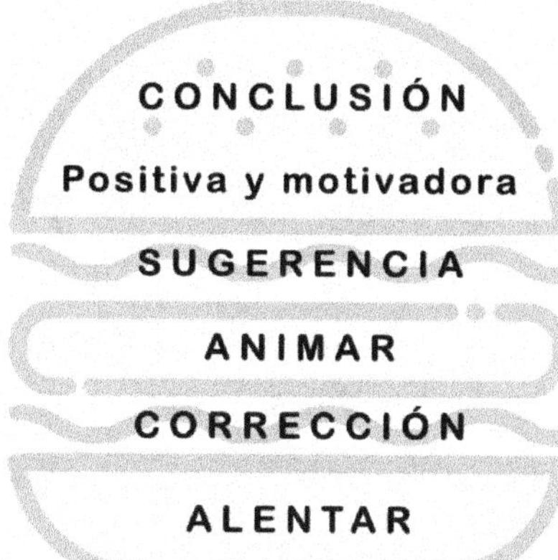

Figura 9. Representación de la hamburguesa como herramienta para elaborar un feedback óptimo. Fuente: Adaptado de Lun & Chu (2018) 14th ITTF Sports Science Congress & 5th World Racket Sports Congress.

Tras ello, indicar los aspectos de mejora de manera amable, y por último alentar a la práctica, dando por concluida la práctica con otras repeticiones con la finalidad de integrar el conocimiento ofrecido. Veamos un par de ejemplos contrarios en un ejercicio de pliometría donde queremos principalmente que se active produzca el ciclo estiramiento-acortamiento en la musculatura extensora de la articulación del tobillo (gastrocnemios y soleo), sin flexión de rodilla (Figura 10):

"¡No está bien! ¡Estás doblando mucho las rodillas! ¡Tienes que intentar no flexionar las rodillas y que el movimiento se produzca en el tobillo"

Figura 10. Ejemplo de feedback para modificar una conducta. https://youtu.be/s3VSCfvDvmY

"¡Ahora está mejor! ¡En la siguiente, vamos a intentar que las piernas se mantengan como dos columnas! ¡Prueba un par de ellas de esta manera, verás que solo se mueve el tobillo!"

En cuanto a la **frecuencia**, el autor hace hincapié en que los novatos precisan de un mayor número de *feedback*, con el fin de asegurar su necesidad de competencia y así mejorar su confianza y autonomía. Por otro lado, los sujetos avanzados, no dependen tanto del apremio del profesional para asegurar su ejecución (Figura 11).

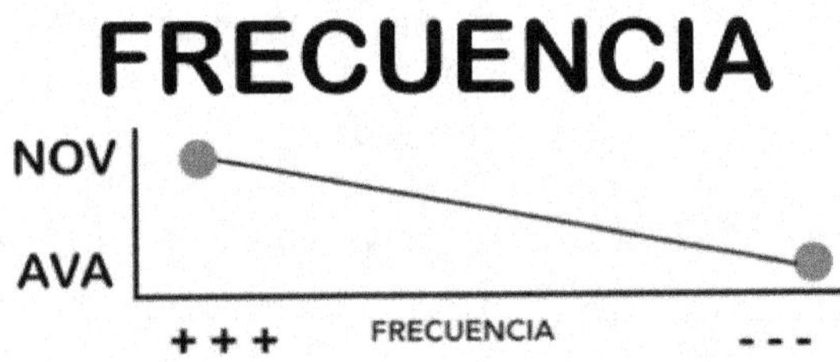

Figura 11. Recomendación de frecuencia de aplicación del feedback según el nivel de destreza. Creación propia.

Aquí aparece la paradoja siguiente: El novato precisa más información sobre el desarrollo de su ejecución, pero un exceso de información puede saturar sus recursos cognitivos, deteriorando la ejecución motora. Ante esto, podemos encontrar fácilmente una solución con el *autofeedback* de resultado, propio de la focalización externa, ya que esto permite retroalimentarse de manera autónoma, sin ser dependiente de un profesional externo, quedando el rol de este en alentar la acción, si la persona está consiguiendo el objetivo de la tarea o está cerca de ello.

Este concepto puede ser explicado a través del término *bandwith o "ancho de banda"*. Este sería el rango "funcional" permitido por el profesional, fruto de la monitorización de la tarea, en relación a la óptima ejecución y su variabilidad entre las repeticiones de una tarea (Figura 12). Este rango está basado en los criterios de seguridad y consecución del objetivo específico de la tarea. En numerosas ocasiones, los profesionales hemos visto la ejecución motora de manera binaria (error o acierto). Este abordaje desde nuestro punto de vista sería incierto, ya que todo lo que no fuera un acierto, debería ser corregido impidiendo así la sucesión de las repeticiones, y con ello, el aprendizaje derivado de la práctica. El papel de la experiencia vivida es indiscutible para mejorar los mecanismos de feedback y feedforward. Es por ello por lo que lejos de una visión binaria del asunto, debemos atender a los criterios de seguridad y consecución del objetivo. De esta manera planteamos la monitorización basada en una escala de 0-10 (Figura 12).

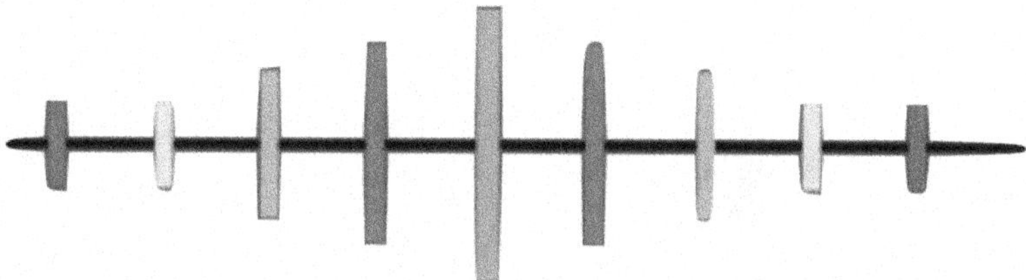

Figura 12. Descripción de la imagen: ancho de banda permitido y su relación. La línea vertical celeste representa el valor 10, las líneas verdes oscuras, los valores valor 8, las líneas verdes claras, los valores de 6, las amarillas, los valores 5 y las rojas, los insuficientes, relacionados con ejecución poco seguras o que están lejos de conseguir el resultado de la tarea. Creación propia.

Aquí el 10, sería una práctica segura y que el objetivo es conseguido, y los valores de 9 a 5, son valorados también de manera suficiente, permitiendo la práctica y su seguridad. Solo intervendríamos parando la práctica, si la ejecución no cumpliera con los términos de seguridad, o detectáramos que está lejos de conseguir el objetivo para el que fue diseñada la tarea. La teoría aplicada de este trabajo podría dejar un escenario ejemplificado de la siguiente manera (Figura 13). El primer camino, el ejecutante realiza repetidas acciones de una manera considerada como correcta, donde el profesional alienta a seguir así tras varios intentos. En el segundo camino propuesto, el ejecutante tiene un comportamiento motor lejos de lo deseado. Aquí el observador evalúa si dicha ejecución entraña un riesgo para la persona, y si así lo es, el profesional interviene y monitoriza su mediación. Si no conlleva un riesgo para la persona, a pesar de que no está ejecutando adecuadamente, el profesional puede decidir si estas ejecuciones, a través de la práctica va mejorando. Es posible que esto sea así, por lo que no tendría motivo por el que intervenir, o por el contrario, este comportamiento no tiene cambios positivos y en ese lugar, después de permitir esta práctica, el profesional decide elaborar una instrucción con la que modificar la ejecución.

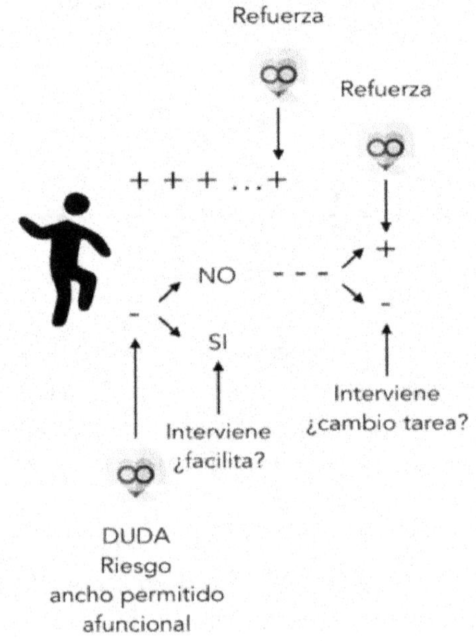

Figura 13. Construcción teórica de monitorización de una tarea. Creación propia.

Durante una ejecución motora pueden ocurrir dos escenarios como los que se muestran en la imagen. En el camino superior, la persona realiza la tarea con éxito repetidas veces, por lo que el rol del profesional es alentar a continuar la práctica. En el camino inferior, la persona no cumple de manera óptima la tarea, por lo que el profesional, debe valorar si la tarea cumple es segura y/o cumple con la función. Si entraña peligro, debemos dar feedback o parar la tarea y replantearla. Si no conlleva peligro, podemos permitir que continúe para monitorizar si la ejecución motora mejora a raíz de la práctica. Si tras varias repeticiones, se consigue una ejecución adecuada se refuerza para que intente repetirla. Si no se consigue, intervenimos dando otra instrucción o cambiando la tarea.

Además de los trabajos anteriores, los cuales dan forma a la estrategia de enseñanza que proponemos, debemos tener en cuenta los siguientes aspectos. El **objetivo** de la **tarea** nos marcará el camino para dar la instrucción de una manera u otra. Este objetivo puede estar en el **proceso** de la ejecución (control de la cinemática articular en un movimiento) o en el **resultado** o **efecto** (normalmente medido en términos de eficacia).

Por ejemplo, durante el ejercicio de sentadilla, nosotros podemos tener como objetivo, la mejora de la coordinación intermuscular o de la propiocepción (objetivo de proceso). Nuestro objetivo con este ejercicio también puede estar centrado en conseguir la mayor velocidad durante la ejecución en la fase concéntrica (objetivo de resultado). Estos objetivos, al ser diferentes, imposibilita elaborar una instrucción común para cada ejercicio. Esta información a riesgo de parecer más que evidente, es de suma importancia para la práctica diaria, ya que manera extendida, los ejercicios tendemos a explicarlos de la misma manera sin tener en cuenta el objetivo ni la persona que tenemos. Esto es un error en contextos donde tenemos grupos, cuyo aprendizaje es heterogéneo, o si estudiamos el proceso de aprendizaje de la persona de manera dinámica, donde adquiere información a lo largo de las prácticas. Por ello, tenemos que plantear junto a la tarea, cual es el objetivo de la persona que lo va a realizar para así formalizar la instrucción.

Otro aspecto importante es la **selección** del **tipo** de **estrategia** de enseñanza **según** la **tarea**. Si la tarea no permite el uso del FE, y, por tanto, de posibilitar un autofeedback, podemos plantear que las estrategias mixtas son las siguientes en ser seleccionadas durante el ejercicio físico, dando valor al uso de analogías o el foco holístico, por encima de las estrategias tradicionales de FI.

Para concluir este apartado relacionado con el feedback podemos apoyándonos en el autor Alan Chu (144): *"Los entrenadores no deben intentar inducir un cambio rápido en el rendimiento durante la práctica como verdadero aprendizaje, porque el feedback y otras variables en la práctica contribuyen a los cambios a corto plazo. El verdadero aprendizaje debe ser creado por medio de fomentar la autorregulación y la autonomía en la resolución de problemas. El uso del feedback debe ser regulado satisfaciendo las necesidades individuales en cuanto al tipo, contenido, timing, frecuencia, medios y estrategias"*.

Es por ello que podemos usar esta analogía de la imagen como para explicar la estructura de nuestra metodología a simple vista (Figura 14).

Figura 14. Representación gráfica de la metodología de enseñanza propuesta en el libro. Creación propia.

Los ladrillos para construir nuestra estrategia de enseñanza estarán elaborados a partir del **nivel** de maestría de la persona, las características de la tarea y el objetivo de esta. El nivel de maestría ha sido detallado en algunos apartados del libro actuando como palanca para elementos como el tipo de instrucción, *timming,* número de reglas o frecuencia de la información.

El soporte básico y fundamental, los cimientos, que servirán de soporte, será el uso del mínimo número de reglas durante la instrucción. Ayudando a esto, el conocimiento de resultado colabora a soportar el peso de la estrategia de enseñanza, sobre todo siendo facilitado de manera externa en las primeras etapas. Este no siempre está disponible, por eso lo consideramos importante, pero no imprescindible para la instrucción de una habilidad. Las características de la instrucción y el feedback (tipo de estrategia) serán los pilares de la estructura.

Todo ello, forman parte de esta estructura que dará lugar a nuestra ESTRATEGIA DE ENSEÑANZA que conformará de manera única en cada momento nuestro diseño de tareas representativo (Davids et al., 2014) (Tabla 1) para la enseñanza de cualquier tarea o habilidad, ya sea individual o en grupo. Cabe destacar que esto no pretende desbancar o restar importancia a las variables en la programación o control del entrenamiento (Naclerio, 2005). Estas son consideradas por los autores como el tesoro que todo profesional que trabaje con ejercicio debe manejar con fluidez. Esta metodología, busca complementar a la metodología tradicional, generando una actualización orientada al público general que nos encontramos a estas alturas del S.XXI.

Criterios	Descripción	Ejemplos
Diseño de tareas complejo	Proporcionar a la persona oportunidades para explorar una variedad de soluciones en la tarea.	Plantear una sentadilla donde el objetivo sea buscar con la cadera un objeto detrás, sin acotar el comportamiento de los grados de flexión de rodilla y cadera.
Acceso a fuentes de información relevantes.	Se debe facilitar acciones basadas en la relación con los aspectos mas relevantes en el entorno.	En lugar de centrarnos en instruir en baja despacio, podemos poner un metrónomo y decir que tiene que la fase excéntrica debe durar 3 pitido y la concéntrica solo 1 pitido.
Uso de tareas dinámicas	Incluya tareas que evolucionen con el tiempo.	Sí nos encontramos con una persona que debe aplicar la mayor fuerza en el menor tiempo posible en diferentes contextos, crear tareas que progresen en dificultad en relación con su entorno y que lo reten a través de diferentes formas de coordinarse.
Facilitar la percepción activa.	Permitir que la persona capte información que lo acerque al objetivo de la tarea.	Si ponemos un sensor de medición de la velocidad de ejecución y se le ha dicho que tiene que hacer la repetición la mas rápido posible (ej. Sentadilla), el ejecutante tendrá un feedback de resultado de la velocidad instántaneo y corroborar si está consiguiendo el objetivo.
Establece objetivos alcanzables	Diseñe tareas en las que los objetivos siempre se puedan lograr con diferentes grados de éxito (por ejemplo, más rápido o más lento, en un área más grande o más pequeña)	Si queremos poner un objetivo en conseguir una mayor flexión de cadera durante la sentadilla, monitorizar la relación de la persona con el entorno y modificar lo propuesto. Si hemos puesto un objetivo demasiado lejos del ejecutante, este no podrá captar información si lo está haciendo bien ya que el entorno no le proporciona la información suficiente.

Tabla 1. Criterios, descripción y ejemplos del diseño de tareas representativo. Adaptado de Davids (2014). Traducción propia de los autores.

Con el fin de resumir todo el conocimiento expuesto en el capítulo, se facilita un resumen con la información más relevante:

- El diseño de tarea representativo siempre va a atender a la propia tarea como la relación dinámica entre el entorno y el organismo.

- El profesional puede actuar como constreñimiento en diferentes escalas temporales, estando centrado el libro en las escalas más pequeñas, donde modificará el entorno, creando un escenario lo más cercano posible al objetivo de la tarea. Por otro lado, aconsejamos dar valor a lo que pasa en las escalas de mayor dimensión.

- El número de reglas tiene es determinante a la hora de favorecer el aprendizaje.

- Tras analizar las características de la tarea y su ejecutante, seleccionamos nuestra estrategia de enseñanza. En general, el foco externo aporta mayores mejoras en el rendimiento, gracias a que este facilita optimizar la información percibida por medio de un *autofeedback,* y facilita unas mejores respuestas afectivas durante el proceso de aprendizaje, seguido de las estrategias mixtas. Algunos contextos determinados, donde no es fácil adquirir información del entorno, nos hacen replantear que el foco externo es válido y universal para todo tipo de tareas, de manera que debemos abrazar las diferentes estrategias, siendo válidas en contextos especiales.

- El conocimiento de resultado es un gran activo a la hora de favorecer las respuestas emocionales positivas de la persona, de gran valor para fomentar la práctica de ejercicio. Por tanto, debe ser utilizado siempre y cuando sea posible en la instrucción.

- La información, tiene dos escalas temporales donde pueden tener lugar, ya sea por medio de la instrucción o el feedback. Sus características serán similares pero el feedback va a ser dinámico dentro de la propia propuesta si es necesario modificar algún aspecto para optimizar los resultados de la práctica.

- Desde las etapas iniciales cabe destacar la importancia de la educación de la intención durante la instrucción. Esta información siempre debe atender al objetivo de la tarea, ya que a pesar de que se esté realizando un mismo ejercicio, el objetivo puede tener una dirección diferente.

- Se permitirá la flexibilidad funcional, lejos de la dicotomía acierto-error.

A estas alturas de la lectura, pretendemos haber despertado ya algún sentimiento de necesidad de cambio para introducir esta área de conocimiento en vuestra metodología de trabajo y así intervenir de manera eficaz con las personas que confían en vosotros. Si eres un estudiante aún o profesional con poca experiencia en el campo laboral... ¡enhorabuena! te vas a ahorrar muchos quebraderos de cabeza trabajando de esta manera... además, tu función será mucho mayor que simplemente seleccionar volumen e intensidad de un ejercicio.

Consideraciones finales

Uno de los mejores regalos que tiene nuestra neurofisiología es la flexibilidad cognitiva. Esta es la capacidad adaptativa de nuestro cerebro para cambiar nuestra conducta o pensamiento ante situaciones que nos hacen entender que el estado previo, no funcionaba, o ya no lo hace actualmente, ante un nuevo cuerpo de conocimiento, y que por tanto, debemos reajustar nuestra forma de pensar (Diamond, 2013). Por tanto, una persona con mayor flexibilidad cognitiva tendrá la capacidad de mudar de un paradigma antiguo a otro nuevo, si este precisa un reajuste. Apoyémonos aquí en la fábula del elefante encadenado[21] para entender la importancia de este proceso (Figura 1).

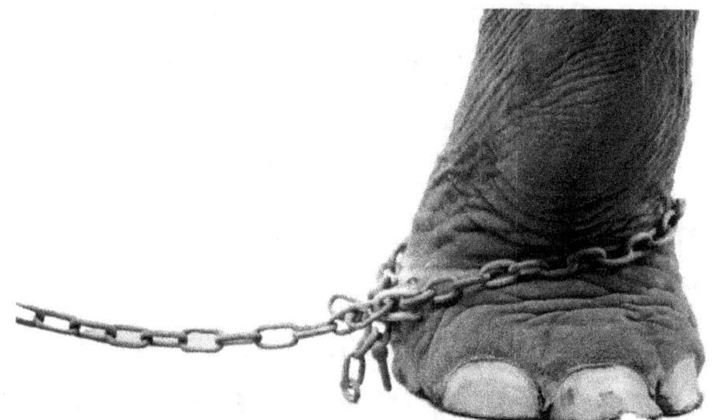

Figura 1. Foto elefante encadenado.

"Este poderoso elefante no escapa porque cree que no puede, ya que está anclado al conocimiento de toda una vida, ya que aprendió a que la cadena lo ataba tan fuerte que le impedía escapar... Lo peor de todo es que muchos profesionales jamás volvieron a poner a prueba su fuerza para liberarse de las cadenas del pasado".

Algún tiempo atrás, la mayoría de los artículos que se consumían, eran aquellos que buscaban el santo grial del ejercicio

---

[21] Gracias a la Dra. Natalia Balagué por servir de altavoz con esta fábula y ser uno de los principales motores de cambio en el campo de las ciencias del deporte.

con conclusiones como "realizar sentadillas con 40° de flexión de rodilla provoca mayores mejoras en el salto vertical que hacerla con 60°" y ahora se entrenaba a Paco, que venía a mejorar sus valores de la analítica y a mejorar su función después de estar 20 años sin hacer nada, y nos poníamos a medir la angulación de la rodilla para analizar si bajaba 40 o 60°. Por otro lado, leíamos aquel *paper* de Hodges y colaboradores que hablaba del retraso tardío del transverso y allá que se iba a poner los dedos al lado de la espina ilíaca para ver si activaba o no activaba el transverso abdominal, como si fuera el mayor de los problemas para una persona que lleva 15 años sin ponerse unas zapatillas deportivas y subir su frecuencia cardíaca de manera voluntaria otros tantos.

Hay una realidad máxima, la población que realiza ejercicio en nuestros días en 2023 tiene características completamente diferentes a la que empezó a realizar ejercicio físico en sus comienzos, copando actualmente todos los sectores de la población. Por tanto, debemos como profesionales estar preparados para el peor escenario posible, donde nos encontramos con personas con desarrollo motor escaso, con altos niveles de estrés, poca adherencia y placer por el ejercicio, con grupos masivos y heterogéneos, junto a la poca atención que se le ha puesto a la instrucción de manera general. Todos estos aspectos negativos obligan a que, en lo que la instrucción se refiere, construyamos unas estrategias optimizadas, para tratar de superar todas las complicaciones que nos encontremos en el camino (Figura 2).

"Profundizar en las estrategias de enseñanza nos aleja de la incompetencia en la didáctica de enseñar a hacer ejercicio. Conocerlas, nos permite pasar de tener "truquillos" para corregir, a tener una herramienta sólida para optimizar el aprendizaje".

Figura 2. Estructura de enseñanza optimizada sólida. Creación propia.

Espero que este libro te haya ayudado a reflexionar sobre la forma en que manejas la información durante el entrenamiento, seas profesional o deportista, y que pongas en práctica desde el minuto 1 las enseñanzas que te haya aportado. Si es tu primera toma de contacto con esta área de conocimiento, verás los cambios que se van a producir en tus sesiones donde elevarás a otro nivel el desarrollo de las tareas.

En el tomo número dos del trabajo "El arte de enseñar a ENTRENAR" se contemplan numerosos ejemplos cotidianos en diferentes situaciones que tienen como objetivo apoyar todo el contenido teórico expuesto en este libro. Recomendamos encarecidamente su revisión para poder profundizar en el cuerpo de conocimiento que es abordado.

#RETHINKINGMOVEMENT

Bibliografía:

Balagué, N., Pol, R., Torrents, C., Ric, A., Hristovski, R., Balague, N., Pol, R., Torrents, C., Ric, A., Hristovski, R., Balagué, N., Pol, R., Torrents, C., Ric, A., & Hristovski, R. (2019). On the Relatedness and Nestedness of Constraints. *Sports Medicine - Open*, *5*(1). https://doi.org/10.1186/s40798-019-0178-z

Chiviacowsky, S., Wulf, G., Wally, R., & Borges, T. (2009). Knowledge of Results After Good Trials Enhances Learning in Older Adults. *Research Quarterly for Exercise and Sport*, *80*(3), 663-668. https://doi.org/10.1080/02701367.2009.10599606

Chu, T. L. (2017). The Application of Augmented Feedback in Coaching Table Tennis Youth Athletes. En *14th ITTF Sports Science Congress & 5th World Racket Sports Congress* (pp. 111-126). Switzerland: International table tennis federation.

Correia, V., Carvalho, J., Araújo, D., Pereira, E., & Davids, K. (2019). Principles of nonlinear pedagogy in sport practice. *Physical Education & Sport Pedagogy*, *24*(2), 117-132. http://search.ebscohost.com/login.aspx?direct=true&AuthType=ip,u id,shib&db=s3h&AN=134749465&site=ehost-live&scope=site

Davids, K., Araujo, D., Hristovski, R., Passos, P., & Chow, J. Y. (2012). Ecological dynamics and motor learning design in sport. En *Skill Acquisition In Sport: Research, Theory and Practice* (pp. 112-130). https://doi.org/10.13140/RG.2.1.2297.0089

Davids K, Brymer, E., Seifert, L., & Orth, D. (2014). A constraints-based approach to the acquisition of expertise in outdoor adventure sports. En K. Davids, R. Hristovski, D. Araújo, N. Balague Serre, C. Button, & P. Passos (Eds.), *Complex Systems in Sport*.

Diamond, A. (2013). Executive functions. *Annual Review of Psychology*, *64*, 135-168. https://doi.org/10.1146/annurev-psych-113011-143750

Hossener, E.-J., & Wenderoth, N. (2007). Gabriele Wulf: On a attention focus and motor learning. *E-Journal Bewegung und Training*, *1*(1), 1-64.

Jacobs, D. M., & Michaels, C. F. (2007). Direct Learning. *Ecological Psychology*, *19*(4), 321-349. https://doi.org/10.1080/10407410701432337

Lam, W. K., Maxwell, J. P., & Masters, R. S. W. (2009b). Analogy versus explicit learning of a modified basketball shooting task: Performance and kinematic outcomes. *Journal of Sports Sciences, 27*(2), 179-191. https://doi.org/10.1080/02640410802448764

Liao, C. M., & Masters, R. S. W. (2001). Analogy learning: A means to implicit motor learning. *Journal of Sports Sciences, 19*(5), 307-319. https://doi.org/10.1080/02640410152006081

Lun, T., & Chu, A. (2018). *The application of augmented feedback in coaching table tennis youth athletes The Application of Augmented Feedback in Coaching Table Tennis Youth Athletes.* November.

Magill, R. A. (1998). Knowledge is More than We Can Talk about: Implicit Learning in Motor Skill Acquisition. *Research Quarterly for Exercise and Sport,* 69(2), 104-110. https://doi.org/10.1080/02701367.1998.10607676

Magill, R., & Anderson, D. (2014). *Motor learning and control: Concepts and applications (10th ed.).* SG: McGraw-Hill Education.

Masters, R. S. W., & Maxwell, J. P. (2004). Implicit motor learning, reinvestment and movement disruption. En *Skill Acquisition in Sport.* Routledge.

Naclerio, F. (2005). *Entrenamiento de fuerza y prescripción del ejercicio In Entrenamiento personal, bases fundamentos y aplicaciones.* (G. A. Jiménez, Ed.). Inde.

Poolton, J. M., Maxwell, J. P., Masters, R. S. W., & Raab, M. (2006). Benefits of an external focus of attention: common coding or conscious processing? *Journal of Sports Sciences,* 24(1), 89-99. https://doi.org/10.1080/02640410500130854

Raab, M., & Haug, U. (2000). Effectiveness of distal and proximal instructions for the performance of volleyball smashes. En P. Kuhn & K. Langolf (Eds.), *Vision volleyball 2000* (pp. 99-110). Czwalina.

Renshaw, I., Chow, J., Davids, K., & Hammond, J. (2010). A constraints-led perspective to understanding skill acquisition and game play: a basis for integration of motor learning theory and physical education praxis? *Physical Education & Sport Pedagogy,* 15(2), 117-137. http://search.ebscohost.com/login.aspx?direct=true&AuthType=ip,u id,shib&db=s3h&AN=49707644&site=ehost-live&scope=site

Renshaw, I., Davids, K., Newcombe, D., & Roberts, W. (2019). *The Constraints-Led Approach.* Routledge.

Schmidt, R. A., Lange, C., & Young, D. E. (1990). Optimizing summary knowledge of results for skill learning. *Human Movement Science, 9*(3), 325-348. https://doi.org/https://doi.org/10.1016/0167-9457(90)90007-Z

Singer, E. N. (1986). El aprendizaje de las acciones motrices en el deporte. Hispano Europea. Barcelona.

van Duijn, T., Hoskens, M. C. J., & Masters, R. S. W. (2019). Analogy Instructions Promote Efficiency of Cognitive Processes During Hockey Push-Pass Performance. *Sport exercise and performance psychology, 8*(1, SI), 7-20. https://doi.org/10.1037/spy0000142

Wulf, G., & Lewthwaite, R. (2016a). Optimizing performance through intrinsic motivation and attention for learning: The OPTIMAL theory of motor learning. *Psychonomic bulletin & review, 23*(5), 1382-1414. https://doi.org/10.3758/s13423-015-0999-9

Wulf, G., & Lewthwaite, R. (2016b). Optimizing performance through intrinsic motivation and attention for learning: The OPTIMAL theory of motor learning. *Psychonomic Bulletin & Review, 23*(5), 1382-1414. https://doi.org/10.3758/s13423-015-0999-9

Optimizing performance through intrinsic motivation and attention for learning: The OPTIMAL theory of motor learning, 23 Psychonomic Bulletin and Review 1382 (2016). https://doi.org/10.3758/s13423-015-0999-9

Wulf, G., Shea, C., & Park, J. H. (2001). Attention and motor performance: preferences for and advantages of an external focus. / Attention et performance motrice: preferences pour et avantages d ' un centre d ' attention externe. *Research Quarterly for Exercise & Sport, 72*(4), 335-344. http://articles.sirc.ca/search.cfm?id=S-798966